der

KÄSE-KOMPASS

Jochen G. Bielefeld

VORWORT

KÄSE steht ganz oben auf der Beliebt-
heitsskala der Lebensmittel. Mit einem
statistischen Verbrauch von über 23 Kilo
pro Kopf (Greise und Babys eingerechnet!) sind die
Franzosen zwar noch Spitzenreiter im Welt-Käsever-
brauch; andere Länder, allen voran das probierfreudige
Deutschland mit über 20 Kilo folgen bereits auf dem
Fuße. Der anhaltende Trend, weniger Fleisch zu essen,
wird sicher diese Entwicklung weiterhin beeinflussen.

ENTSPRECHEND groß ist die Sortenvielfalt – für die
Verbraucher genauso interessant wie verwirrend. Wer
kennt schon alle Sorten, weiß, wofür man sie verwenden
kann oder welcher Wein dazu paßt oder wie man die
Namen richtig ausspricht. Es gibt zwar schöne Käse-
bücher für den Bücherschrank. Was aber bisher fehlte,
war ein handlicher Käsekompaß für die Tasche, der
einem praktisch und aktuell weiterhilft.

VORBEI die Zeit, wo man »Bitte von dem da!« sagen
mußte. Wir haben uns das Angebot auf dem Markt
genau angeschaut und die 200 interessantesten Sorten
ausgesucht. In den Steckbriefen finden Sie alle nötigen
Angaben zu Namen (mit Hinweis auf die Aussprache),
Herkunft, Milchsorte, Fettgehalt, Aussehen, Geschmack
und Rinde, außerdem viele Abbildungen und Verwen-
dungstips. Und das zum Preis von knapp einem Pfund
Käse!

WAS FINDEN SIE WO?

EINES DER ÄLTESTEN LEBENSMITTEL

Von Gourmets geschätzt: Käse aus Ziegenmilch

SPEKULATIONEN über den Ursprung des Käses als eines der ältesten Lebensmittel überhaupt gibt es vielerlei. Als Geburtsland der handwerklichen Käseerzeugung gilt Mesopotamien zwischen den Strömen Euphrat und Tigris, etwa das Gebiet des heutigen Irak. Von dort aus verbreitete sich die Kunst, aus der Milch von ZIEGEN, SCHAFEN und KÜHEN mit Hilfe von Lab ein äußerst nahrhaftes und relativ lange haltbares Lebensmittel zu machen, zunächst über Palästina und Griechenland nach ganz Europa. Das deutsche Wort Käse ist übrigens ein von dem lateinischen Wort »caseus« entlehnter Begriff.

Aus Schafsmilch wird z.B. der berühmte Roquefort hergestellt

IM Mittelalter begann dann die eigentliche Hoch-Zeit des Käses, an der die stets kulinarisch interessierten und versierten Klosterbrüder einen großen Anteil hatten. Besonders die berühmten **WEICHKÄSE** gelten als Entwicklung dieser Zeit. Heute können viele Länder auf diese jahrhundertealte Käsetradition zurückblicken, der wir nicht nur den Brie, den Camembert und andere Köstlichkeiten verdanken.

Rohstoff-Lieferantin Nr.1

WIE KÄSE ENTSTEHT

MILCHSÄUREBAKTERIEN und Lab sind dazu nötig. Lab wurde früher nur aus Kälbermägen gewonnen. Heute wird es auch aus pflanzlichen Rohstoffen (z. B. aus Feigen, Artischocken, Labkraut) oder aus Mikroorganismen (teilweise auch mit Hilfe der Gentechnik, siehe Glossar) hergestellt. Lab und Bakterien werden der Milch zugegeben und verursachen einen Gerinnungsvorgang. Die Milch wird

Dicklegen der Milch

»DICKGELEGT« wie die Fachleute sagen. Die Milchsäurebakterien wandeln dabei den in der Milch enthaltenen Milchzucker in Milchsäure um. Käse, der ohne Lab, nur mit Milchsäurebakterien, dickgelegt wird, heißt übrigens Sauermilchkäse.

Schneiden des Käsebruchs

DIE nun gallertartige Käsemasse wird mit der sogenannten »Käseharfe« (das sind Stahldrähte oder

Messer) zu Käsebruch geschnitten, wobei die Molke (siehe Glossar) abfließt. Sie wurde früher zur Viehfütterung verwendet; heute ist sie auch ein begehrtes Produkt für Schlankheits- und Entschlackungskuren.

Die Käselaibe im Salzbad

DIE Bruchmasse, die aus Eiweiß und Fett besteht, wird anschließend leicht erhitzt, bei Hart- und Schnittkäse bis 54°, und dann in Tüchern oder Formen gepreßt, damit auch die restliche Molke abfließen kann. Ein Salzbad, in das der Käselaib danach kommt, entzieht dem Käse weitere Molke; gleichzeitig bildet sich die Rinde, wodurch die Masse haltbarer wird.

Pressen der Käselaibe

IN temperierten Reiferäumen mit kontrollierter Temperatur und Feuchtigkeit wird dann der Käselaib einem – je nach Käseart und Sorte verschieden langen – REIFUNGSVORGANG ausgesetzt, bei dem durch natürlich vorhandene oder zugegebene Bakterien-, Hefe- oder Schimmelpilzkulturen die Art des Käses beeinflußt wird. Enzyme schließen die Eiweißstoffe auf, machen sie dadurch verdaulicher und bilden die verschiedenen Aroma- und Geschmacksstoffe. Beim Abbau des restlichen Milchzuckers zu Milchsäure und Begleitprodukten entsteht Kohlensäuregas, das zu Bildung der Löcher im Käse führt. Die Reifung erfolgt bei den Schnittkäsen gleichmäßig durch den gesamten

Käselaib, bei den Sorten mit Schimmel- oder Schmierebildung (wie bei den Käsen mit sogenannter Rotschmier-Rinde) von außen nach innen. Diese Reifung setzt sich bei den Weichkäsen auch nach der Fertigstellung fort, bis der Käse »durch« ist. Frischkäse reift übrigens nicht nach.

Aufbringen der Reifungskulturen

DER Reifevorgang bzw. die Käsepflege ist der wichtigste Faktor für die Qualität und typische Eigenart der Käse. Die Pflege besteht aus WASCHEN, BÜRSTEN und WENDEN der Käselaibe. Dabei werden manche Käse mit einer Mischung aus Salzlake und Molke oder mit sogenannten Rotkulturen abgebürstet, bis sie die erwünschte Rinde bzw. das Aroma haben, was der Sorte ihre Eigenart gibt. Käse mit Schimmelpilzkulturen, wie der berühmte Roquefort, reifen z.T. in Berghöhlen, in denen dieser spezielle Pilz angesiedelt ist. Ein Grund, warum bei solchen Spezialitäten der großindustriellen Herstellung (gottlob!) Grenzen gesetzt sind.

Bürsten der Käselaibe

KÄSEHERSTELLUNG

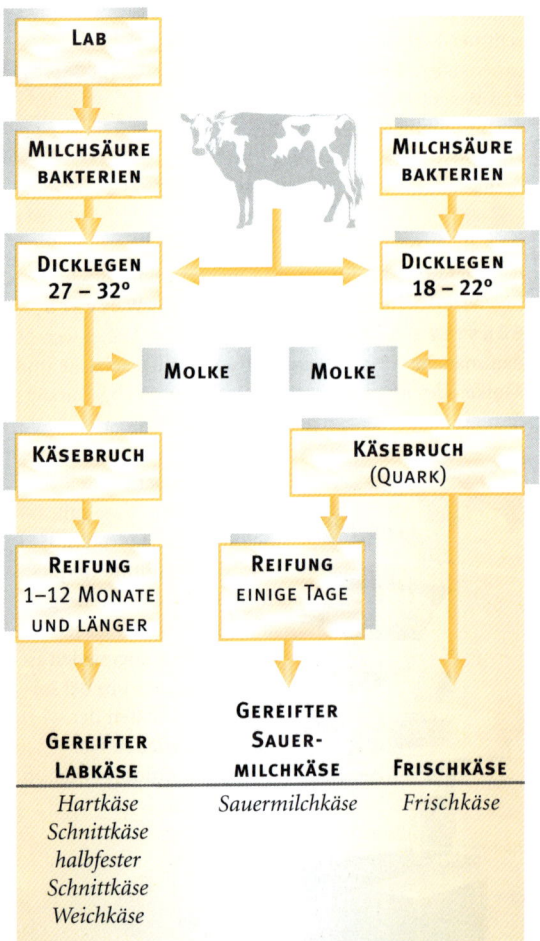

LAB

MILCHSÄURE BAKTERIEN

DICKLEGEN 27 – 32°

MOLKE

KÄSEBRUCH

REIFUNG 1–12 MONATE UND LÄNGER

GEREIFTER LABKÄSE

Hartkäse
Schnittkäse
halbfester
Schnittkäse
Weichkäse

MILCHSÄURE BAKTERIEN

DICKLEGEN 18 – 22°

MOLKE

KÄSEBRUCH (QUARK)

REIFUNG EINIGE TAGE

GEREIFTER SAUER-MILCHKÄSE

Sauermilchkäse

FRISCHKÄSE

Frischkäse

SORTENVIELFALT UND FETTSTUFEN

DIE Käse werden in Sorten eingeteilt, die sich nach dem Wassergehalt in der sogenannten fettfreien Käsemasse richten. Während der Wassergehalt im Käse während der Reifung durch Verdunstung geringer wird, verändert sich die wasserfreie Trockenmasse kaum. Je nach dem Wassergehalt in der fettfreien Trockenmasse, dem »Wff«, werden die Sorten eingeteilt:

HARTKÄSE
(z. B. Emmentaler, Grana, Sbrinz) bis zu 56 %,
SCHNITTKÄSE (z. B. Gouda, Edamer) 54-63 %
HALBFESTER SCHNITTKÄSE
(z. B. Butterkäse, Havarti) 60-69 %
WEICHKÄSE
(z. B. Camembert, Brie, Chaumes) über 67 %
FRISCHKÄSE
(z. B. Mascarpone, Mozzarella) mehr als 73 %

AUSSERDEM gibt es vom »Wff«-Gehalt unabhängige Sorten:
SAUERMILCHKÄSE
(z. B. Harzer, Mainzer, Handkäse, Korbkäse)
KOCHKÄSE
(durch Erhitzen von Sauermilchquark)
SCHMELZKÄSE
(erhitzter Rohkäse mit Zugabe von Schmelzsalz).

WÄHREND der »Wff« nicht auf der Packung angegeben wird, sondern nur die Sortenbezeichnung, ist der Fettgehalt als Fett in der Trockenmasse oder einfach »Fett i. Tr.« auf jedem Käse oder Preisschild zu finden.

FETTSTUFEN (FETT IN DER TROCKENMASSE)

MAGERSTUFE	UNTER 10 %
VIERTELFETTSTUFE	MIND. 10 %
HALBFETTSTUFE	MIND. 20 %
DREIVIERTELFETTSTUFE................	MIND. 30 %
FETTSTUFE	MIND. 40 %
VOLLFETTSTUFE...........................	MIND. 45 %
RAHMSTUFE................................	MIND. 50 %
DOPPELRAHMSTUFE	MIND. 60 %,
	HÖCHSTENS 85 %

FETT i. Tr. ist nicht der tatsächliche Fettgehalt, für den sich Figurbewußte besonders interessieren, sondern höchstens ein Anhaltspunkt. Um den Fettgehalt herauszufinden, bedarf es schon einer gewissen Käse-Mathematik.

ALS Beispiel soll ein Allgäuer Emmentaler mit 45 % Fett i. Tr. dienen, für den mindestens 62 % Gesamt-Trockenmasse vorgeschrieben ist. In 100 g Käse befindet sich demnach 62 g Trockenmasse und höchstens 38 g Wasser.
Nach der Formel:

$$\frac{62 \text{ g} \times 45}{100} = \text{TATSÄCHLICHER FETTGEHALT}$$

ergeben dies 27,9 g. Da nicht jeder die vorgeschriebene Mindesttrockenmasse aller Käse im Kopf haben kann, hilft eine einfache Faustformel weiter, die nur Pedanten nicht zufriedenstellt: Der als Fett i. Tr. angegebene Fettgehalt wird durch 2 geteilt und ergibt in etwa den tatsächlichen Fettgehalt.

WER es noch etwas genauer haben will, der kann die nach Käseart verschiedenen Trockenmasse-Anteile berücksichtigen und die Fett i. Tr.-Angaben mit folgenden Faktoren multiplizieren:

BEI HARTKÄSE	x 0,7
BEI SCHNITTKÄSE	x 0,6
BEI WEICHKÄSE	x 0,5
BEI FRISCHKÄSE	x 0,3

GESUNDER GENUSS

KÄSE enthält in konzentrierter Form viele Wertstoffe der Milch und vereinigt damit Genuß mit Gesundheitswert:

MILCHEIWEISS
ist besonders günstig in der Zusammensetzung und biologischen Wertigkeit und leicht verdaulich.

MILCHFETT
enthält die essentielle (lebensnotwendige) Linolsäure und ist besonders leicht verdaulich.

MILCHSÄURE

entsteht durch Umwandlung des kohlenhydratreichen Milchzuckers und wirkt sich günstig auf die Darmflora und damit auf die Verdauung aus.

CALCIUM

ist nötig für den Knochenaufbau und besonders hoch und gut verwertbar in Käse enthalten. Wichtig auch für Leute, die keine Milch mögen!

VITAMIN A UND PROVITAMIN A (BETA-CAROTIN)

ist in Käse aus Sommermilch (z.B. Alm- oder Bergkäse) stärker enthalten. Während der übrigen Zeit wird dem Futter auch synthetisches Beta-Carotin zugesetzt, um dem Käse die gelbe Farbe des Produkts aus Sommermilch zu geben.

VITAMIN B$_2$ (LACTOFLAVIN)

ist Bestandteil vieler Enzyme, die bei der Energiegewinnung und im Eiweißstoffwechsel eine wichtige Rolle spielen.

VITAMIN B$_{12}$ (COBALAMIN)

ist ein wichtiges Vitamin, das zur Zellbildung im Nerven- und Blutgewebe nötig ist. Es kommt sonst (fast nur) in tierischen Produkten vor, weshalb Käse ein ideales Nahrungsmittel für Vegetarier ist. Strenge Vegetarier (Veganer) dagegen essen überhaupt keine tierischen Produkte.

DANEBEN sind in Käse, je nach Qualität und Herkunft der Milch, noch weitere Mineralstoffe und Spurenelemente in geringen Mengen vorhanden. Der Gesundheitswert des Käses ergibt sich durch das Zusammenwirken aller dieser Inhaltsstoffe im natürlichen Verbund. Man sollte daher möglichst Käse aus naturgemäßer Erzeugung, am besten sogar aus Bio-Produktion, bevorzugen, wo z. B. bedenkliche Stoffe (wie das Pilzschutzmittel Natamycin, siehe Glossar und Seite 15 oder die Zugabe von Phosphaten) nicht zugelassen sind.

BEI allen gesunden Bestandteilen kann Käse auch negative Wirkungen haben. So sollte Käse mit hohem Salzgehalt (das sind vor allem gealterte Hartkäse oder in Salzlake eingelegte Käse) von salzempfindlichen Personen (z. B. Nieren- oder Bluthochdruckkranke) nur mäßig verzehrt werden. Allergiker, die auf Histamin reagieren, sollten ebenfalls bei gealterten Hartkäsen vorsichtig sein.

SO WIRD KÄSE ZUHAUSE RICHTIG GELAGERT

AM besten kaufen Sie Käse am Stück und schneiden ihn jeweils frisch auf. Die Schnittfläche schützen Sie gegen Austrocknen im Kühlschrank mit einem Stück Frischhaltefolie, das Sie nach jedem Aufschneiden auswechseln sollten.

HARTKÄSE kann man auch am Stück in einem Keramiktopf aufbewahren, wo er mit einem salzwasserfeuchten Leinentuch abgedeckt wird. Das verhindert Austrocknung und Schimmel. Meine Großmutter nahm in ihrem Feinkostladen statt Salzwasser Weißwein zum Befeuchten der Tücher, was von ihren Kunden einfach als perfekt empfunden wurde!

AUCH die gute alte Käseglocke hat ihren Sinn, besonders, wenn man Weichkäse oder Sauermilchkäse bei Zimmertemperatur weiterreifen lassen will. Sie sollten jedoch die

guten alten porösen Behältnisse aus Steingut oder Keramik gegenüber den Kunststoffbehältern bevorzugen. Es werden übrigens heute wieder ganz perfekte Ausführungen (innen porös und außen glasiert mit kleinen Luftlöchern) von Küchenzubehör-Versendern angeboten, die den Käse optimal feuchthalten.

AUFGESCHNITTENEN KÄSE bewahrt man am besten in dem speziellen Käsepapier (eine Art beschichtetes Pergamentpapier) auf, in dem der Käse in guten Läden eingewickelt wird.

WEICHKÄSE, besonders mit Edelschimmel, kommt in eine Klarsichtfolie, die vorher mit einem spitzen Messer leicht perforiert wurde. So wird aus dem Edel-Schimmel kein schmieriger Ekel-Schimmel!

APROPOS SCHIMMEL

BILDET sich auf dem Käse grün-grauer Schimmel, wie Sie ihn auch von Brot kennen, so werfen Sie den Käse unnachsichtig in den Müll und reinigen die Käseglocke oder den Kühlschrank sorgfältig mit Essigwasser. Nur bei den festen Hartkäsen, wie Parmesan oder altem Gouda, kann man die Schimmelstellen großzügig herausschneiden!

DER Schad-Schimmel bildet nämlich sehr giftige Stoffe, die Aflatoxine, die als krebserregend gelten. Wenn Sie öfter schon nach kurzer Zeit Schimmel auf Käse haben, der nicht typisch für die Sorte ist (wie z. B. erwünschter Weißschimmel), dann sollten Sie die Käsetheke wechseln; das spricht für eine mangelnde Käsepflege im Laden!

RINDE ESSBAR ODER NICHT?

EINE Frage, die jeden Käseliebhaber interessiert – in den Steckbriefen finden Sie die Antwort.

BEI Hartkäsen dient die Rinde zum Schutz des Käses. Sie ist bei Naturkäsen (wie Appenzeller, Raclette, Parmesan, Sbrinz) aus den Original-Herkunftsländern natürlich gebildet, z. B. durch Abbürsten mit Rotkulturen oder Salzlake und im Prinzip eßbar. Aus geschmacklichen Gründen haben wir aber auch diese Naturrinde unter »nicht eßbar« eingeordnet. Dies gilt auch für die Rinde überreifer Weichkäse.

IN jedem Fall nicht eßbar ist Käserinde aus Paraffinüberzug oder Wachs, außerdem alle Käserinden, die (zwischen Rinde und Käse) mit dem Schimmelschutz-Antibiotikum Natamycin behandelt wurden. Die meisten Schnittkäse, die mit Folien-, Wachs- oder Kunststoffrinde angeboten werden, enthalten Natymycin (mit Ausnahme von Bio-Käse). Es muß auf der Käseverpackung und in der Käsetheke auf dem Preisschild deklariert werden! Bei solchen Käsen sollte man die Rinde vorsichtshalber sorgfältig abschneiden. Denn empfindliche Menschen reagieren auf das (geschmacklose) Natamycin mit Taubheit auf Lippen oder Zunge. Obwohl die Chemikalie, die auch in Pilzbehandlungsmitteln in der Medizin verwendet wird, vom Verdauungstrakt eigentlich nicht aufgenommen wird, befürchten Kritiker durch dauernde Zufuhr eine Resistenz bei im Körper vorhandenen Pilzstämmen gegen dieses Mittel.

DIE Rinde von Weichkäsen (wie Camembert, Romadur, Munster, Brie) besteht aus Weiß- oder Blauschimmel oder Rotkulturen (Rotschmierkäse) und ist für Feinschmecker eine Delikatesse.

Gefahr durch Rohmilchkäse?

Während die meisten Käse aus pasteurisierter, d. h. kurz erhitzter Milch hergestellt werden, werden die Rohmilchkäse aus naturbelassener Rohmilch handwerklich-traditionell hergestellt. Bei unsauberer Produktion können sich in Rohmilch Listerien (das sind Bakterien, wie sie auch auf Hackfleisch oder Geflügel vorkommen können) ansiedeln. Diese können besonders bei immungeschwächten älteren Menschen, Kindern und Schwangeren grippeartige Symptome und sogar Hirnhautentzündung hervorrufen. Nachdem 1986 in Rohmilchkäse solche Listerien entdeckt wurden und in der Schweiz zu Erkrankungen führten, wurden die Kontrollen für Rohmilch und daraus hergestellten Käse verschärft, so daß keine weiteren Fälle von Erkrankungen auftraten. Trotzdem sollten die Risikogruppen Käse aus pasteurisierter Milch bevorzugen. Das gleiche gilt für die EHEC-Bakterien, eine Colibakterien-Art, die bei mangelnder Hygiene bei der Milch- und Käseproduktion auftreten können. Bei den oben genannten Risikogruppen können sie zu folgeschweren Durchfallerkrankungen führen.

ÜBERBACKEN UND NITRAT

BEI der Käseherstellung wird in vielen Fällen Nitrat zugegeben, um eine fehlerhafte Käsereifung zu vermeiden und bei Schmelzkäsen einen gleichmäßigen Schmelzvorgang zu erreichen. Das Nitrat wird während der weiteren Reifung des Käses durch biologische Vorgänge zu Nitrit und dann zu gasförmigem Stickstoff abgebaut, der entweicht, so daß im fertigen Käse kaum noch Nitrat enthalten ist. Allerdings wird Nitrat auch als Konservierungsstoff (Natriumnitrat) bei fettarmen bzw. fettreduzierten Diätkäsen verwendet.

ACHTUNG BEI TOAST HAWAII

KRITISCH wird es allerdings beim Überbacken. Durch die hohen Temperaturen können sich dort aus Nitrat und den im Käse ebenfalls enthaltenen biogenen Aminen die äußerst gefährlichen Nitrosamine bilden, die als krebserregend gelten. Verstärkt wird dies durch ein saures Milieu, wie es durch die Ananas beim Hawaii-Toast gefördert wird. Dazu kommt noch das im gepökelten Schinken enthaltene Nitrit-Pökelsalz, das zur Fleischrötung dient. Wer also Hawaii-Toast liebt, sollte ihn nur selten essen oder auf Bio-Käse ausweichen; dort ist ein Nitratzusatz nicht erlaubt! Beim kurzen Anschmelzen von Käse oder nicht zu heißem Gratinieren ist Nitrat allerdings kein Problem. Wir haben in diesem Büchlein bei vielen Käse-Sorten angegeben, wenn sie besonders gut zum Überbacken geeignet sind. Von verbranntem Käse sollten Sie die Finger lassen.

WELCHER KÄSE ZUM SCHMELZEN?

GUT geeignet sind Sorten wie Raclette, Greyerzer oder mittelalter Gouda, Fontal, Bergkäse u. a. Auch die meisten Weichkäse wie Edelschimmelkäse, Brie und Camembert, sind sehr gut geeignet. Sie schmelzen perfekt und werden nach dem Überbacken nicht zur »Gummisohle« wie viele fettarme Käse. Nicht geeignet sind Diätkäse wegen ihres geringen Fettgehaltes.

SCHMELZKÄSE sind problematisch, wenn sie Nitrat enthalten. Es gibt gewisse Käsescheiben, die extra »zum Überbacken« deklariert und entsprechend mit Schmelzsubstanzen »präpariert« sind. Empfehlenswerter sind für mich die oben genannten Sorten, die von Natur aus Schmelzeigenschaften haben.

WEICHKÄSE mit Weißschimmelrinde schmelzen sehr schnell in der weichen Mitte, wobei die Schimmelrinde und die inneren Schimmelstellen »stehenbleiben«. Damit Rinde und Käse nicht verbrennen, sollte man besonders die weichen Käse nicht zu schnell und zu hoch erhitzen. Hier hilft nur Ausprobieren.

Raclette-Käse ist nicht nur für die Pfännchen gut – er schmilzt überall, wo's heiß hergeht

TIPS FÜR KÄSEPLATTEN

- Auch drei Stück Käse können schon eine Käseplatte sein, wenn sie gut ausgewählt und attraktiv angerichtet sind: z.B. Appenzeller, Camembert und Roquefort oder Bergkäse, Mimolette und Chavroux.
- Einladung zur Käseprobe:
Richten Sie dafür eine »thematische« Platte an. Sie kann bestehen aus: nur Ziegen- oder nur Schafkäse; Exemplaren einer Sorte aus mehreren Herkunftsländern (besonders geeignet sind die Blauschimmelkäse); verschiedenen Stücken von einer anderen Sorte oder eine länderbezogene Auswahl.
- Witzig und informativ: Schildchen mit dem Namen und anderen Zusatzangaben dazustellen oder Spieße mit den Landesfähnchen in den Käse stecken.
- Für viele Gäste kann man eine Parmesanhälfte kaufen, aus der der Gast sich die Stücke wie aus einer Schüssel abbricht. Auch eine »Girolle« für Tête de Moine-Röschen macht Eindruck.
- »Stinker« werden am besten unter einer gläsernen Käseglocke angerichtet, damit ihr »Duft« nicht den ganzen Raum einnimmt.
- Käsemesser dürfen nicht fehlen. Für harte Käse ist das olivenförmige Parmesanmesser ideal, mit dem man mundgerechte Stücke abbricht.
- Die passenden Getränke finden Sie in der Tabelle auf den Seiten 20–23; stellen Sie sie am besten gleich daneben. Auch Brot und Butter gehören dazu.

WELCHER WEIN ZU WELCHEM KÄSE?

KÄSEART	GETRÄNKEART
WEICHKÄSE*)	
Brie, Brie de Meaux, Bresso, Brocciu, Camembert, Chaumes, Neufchâtel, Ramée	fruchtige Weißweine mit wenig Säure, leichte, fruchtige Rotweine oder Rosés
GEREIFTER WEICHKÄSE	Vollmundige, kräftige Rotweine, auch Dessertweine
AROMATISCHER WEICHKÄSE Munster, Romadur, Limburger, Livarot, Epoisses, Pont l'Evêque, Limburger, Romadur	kräftige, vollmundige Weißweine, gehaltvolle rote Landweine, Bier, Apfelwein
ZIEGENKÄSE, SCHAFKÄSE	
Cantadou, Chavroux, Achleitner Schloßziege, Chabichou, Manouri, Halloumi, Feta, Robiola	frische, säurearme Weißweine, kräftige trockene Rotweine, Bier
SAUERMILCHKÄSE	
Weinkäse, Handkäse, Harzer, Korbkäse, Mainzer, Olmützer Quargel, Tiroler Graukäse	säurereiche, kräftige Weißweine, Apfelwein, Bier

---

WEISS: *Weißburgunder, Chardonnay, Sancerre,
Müller Thurgau trocken, Fendant*
ROT: *Beaujolais, Spätburgunder, Portugieser, Côtes de
Provence, Coteaux de Languedoc, Côtes du Rhône*

*Bordeaux, Bourgogne, Chianti Classico, Barolo,
Amarone, Rioja, Cabernet Sauvignon, Spätburgunder,
Dornfelder Barrique, Zinfandel, Dão, Portwein*

WEISS: *Elsässer Gewürztraminer, Grauburgunder,
Pinot Grigio, RS-Silvaner*
ROT: *südfranzösische Vins de Pays, Lagrein,
Blaufränkisch*

WEISS: *Gutedel, Weißburgunder, Fendant*
ROT: *Dornfelder ohne Barrique, Portugieser, französische Vins de Pays, Vin de Corse, Vin de Crete*

---

*Elsaß Riesling, Riesling Spätlese trocken, Kerner Spät-
lese trocken*

*) Weichkäse und Frischkäsezubereitungen werden auch mit Pfeffer, Paprika,
Knoblauch und anderen Gewürzen angeboten. Besonders bei den scharfen Gewürzen
ist eine Weinempfehlung meist nicht möglich. Ein Bier paßt allerdings fast immer.
Stark durchgereifte Weichkäse, bei denen die Rinde braun ist und das Innere läuft,
vertragen wegen ihres Ammoniak (Salmiakgeist) -Geruchs keinen Wein.

WELCHER WEIN ZU WELCHEM KÄSE?

KÄSEART	GETRÄNKEART
BLAUSCHIMMELKÄSE	
Roquefort, Danablu, Cabrales, Bavaria blu, Blue Stilton, Bleu d´Auvergne	kräftige Rotweine; delikat auch edelsüße Weine oder Dessertweine
SCHNITTKÄSE NEUTRAL	
Butterkäse, Leerdamer, Kernhem, Landana, Bel Paese, Ibérico, Raclette	leichte, fruchtige Weißweine, Roséweine, Bier
SCHNITTKÄSE AROMATISCH	
Appenzeller, Esrom Saint Nectaire, Morbier, Tomme de Savoie, Tilsiter, Mondseer	füllige trockene Weißweine, kräftige Rosés und rote Landweine
HARTKÄSE	
Sbrinz, Beaufort, Comté, Fiore Sardo, alter Gouda, Grana Padano, Greyerzer, Mimolette, Parmigiano Reggiano, Pecorino, Zillertaler	kräftige, alkoholreiche Weißweine, gerbstoffarme, vollmundige Rotweine

BEISPIELE

---

*Cahors, Vin de Corse, Nemea, Dão, Merlot, Chianti
Classico, Rioja, Côtes du Rhône*
SÜSS: *Jurançon, Sauternes, Gewürztraminer Auslese
oder Beerenauslese, Portwein, Tokajer*

WEISS: *Riesling, Kerner, Bacchus, Müller-Thurgau,
Pinot Bianco, Blanchet, Vinho verde*
ROSÉ: *Portugieser Weißherbst, Spätburgunder
Weißherbst*

WEISS: *Silvaner, Grauburgunder, Riesling Spätlese,
Grüner Veltliner, Pinot Grigio, Pinot Gris, Sylvaner
(Elsaß)*
ROT/ROSÉ: *Côtes de Provence, Lagrein Kretzer,
Cahors, Côtes du Rousillon, Schilcher, Lemberger*

WEISS: *Gewürztraminer (Elsaß), Grüner Veltliner,
RS Silvaner, Riesling Spätlese trocken*
ROT: *Dornfelder, Lemberger, Spätburgunder trocken,
Bardolino, Dôle*

DIE KÄSESORTEN VON A - Z

ACHLEITNER SCHLOSSKÄSE SCHLOSSZIEGE

Sorte:	Weichkäse
Herkunft:	Österreich (Salzkammergut, Almtal)
Milch:	Kuh (pasteurisiert), Ziege (Schloßziege)
Fett:	55 %, 40 % (Ziege) i. Tr.
Form:	Minitorte
Aussehen:	gelb-rot. Rinde: mit Rotschmiere
Konsistenz:	weich-schmelzend, schnittfest
Geschmack:	kräftig-würzig
Rinde eßbar:	ohne Rinde

Brotzeitkäse. Die kleinen Käschen sind attraktiv auf Käseplatten. Zu Bier und kräftigen, säurereichen Weißweinen

ALLGÄUER BERGKÄSE

Sorte:	Hartkäse
Herkunft:	Deutschland (Allgäu)
Milch:	Kuh (pasteurisiert)
Fett:	45 % i. Tr.
Form:	runder Laib
Aussehen:	gelb bis goldgelb. Mittelgroße bis große Löcher. Rinde: gelblich
Konsistenz:	elastisch, schnittfest
Geschmack:	mild, nußartig-aromatisch
Rinde eßbar:	nein

Für Käsewürfel und Käsespießchen. Zum feinen Gratinieren. Zu Bier und nicht zu säurereichen Weiß- und Roséweinen

ALLGÄUER EMMENTALER

Sorte:	Hartkäse
Herkunft:	Deutschland (Allgäu)
Milch:	Kuh (Rohmilch)
Fett:	45 % i. Tr.
Form:	runder Laib, ca. 80 cm Ø, ca. 80 kg; rechteckiger Block 4,4 kg
Aussehen:	mattgelb. Kirsch- bis walnußgroße, regelmäßig verteilte Löcher. Hellgelbe Naturrinde mit konzentrischem Aufdruck
Konsistenz:	elastisch, geschmeidig
Geschmack:	mild bis nußartig, mit zunehmender Reife kräftiger
Rinde eßbar:	nein

Der Allroundkäse – zum Überbacken, zum Reiben, als Streifen im Salat, geschmolzen im Fondue

AMALTHÉE

Sorte:	Weichkäse
Herkunft:	Frankreich (Westen)
Milch:	Ziege (Rohmilch)
Fett:	mindestens 45 % i. Tr.
Form:	große, flache, sechseckige Torte
Aussehen:	porzellanweiß. Mit wenigen kleinen Löchern. Rinde: mit Weißschimmel, eingeprägte Streifen
Konsistenz:	cremig, weich
Geschmack:	fein-aromatisch
Rinde eßbar:	ja

Der Amalthée ist wegen seines feinen Geschmacks ein idealer Käse für alle, denen Ziege normalerweise zu streng schmeckt. Ein Rosé von der Loire paßt gut dazu.

AMEISBICHLER

Sorte:	Schnittkäse
Herkunft:	Österreich (oberösterreichisches Mühlviertel)
Milch:	Kuh (pasteurisiert, Bio)
Fett:	48 % i. Tr.
Form:	quadratischer Laib
Aussehen:	hellgelb. Ohne Lochung. Rinde: sand-farben mit Rotschmiere
Konsistenz:	weich; jung: fester Kern
Geschmack:	herzhaft-pikant
Rinde eßbar:	ja

Zu frischem Landbrot, als Käsespieß mit Früchten oder eingelegten Gemüsen, zu Bier oder jungem Wein

ANDECHSER RAHMKÄSE

Sorte:	halbfester Schnittkäse
Herkunft:	Deutschland (Allgäu)
Milch:	Kuh (pasteurisiert)
Fett:	50 % i. Tr.
Form:	Laib mit 2 kg
Aussehen:	hell bis bernstein-gelb. Rinde mit wenigen Weißschimmelstellen
Konsistenz:	halbfest, schmelzend, schnittfest
Geschmack:	fein-würzig, aromatisch
Rinde eßbar:	ja

Als Brotzeitkäse, mit Trauben und Nüssen auf Käseplatten, zu Roséwein und Bier

Andechser-Bio-Ziegenmünster A

Sorte:	Weichkäse
Herkunft:	Deutschland (Bayern)
Milch:	Ziege (Rohmilch, Bio)
Fett:	50 % i. Tr.
Form:	125 g-Stücke, eingepackt
Aussehen:	weiß-gelb mit Bruchlöchern. Rinde: weiß mit rötlichen Schimmelstellen
Konsistenz:	geschmeidig-weich, schnittfest
Geschmack:	leicht säuerlich mit typischem würzigem Ziegenmilchgeschmack
Rinde eßbar:	ja

Ein aromatischer, aber nicht zu strenger Ziegenkäse, der hervorragend zu deftigen Brotzeiten und Bier paßt. Nur ein kräftiger Landwein kann sich durchsetzen

Appenzeller

Sorte:	Schnittkäse
Herkunft:	Schweiz (Appenzell, Inner- und Ausserrhoden)
Milch:	Kuh (Rohmilch)
Fett:	mindestens 48 % i. Tr.
Form:	flach-zylindrisch, ca. 33 cm Ø, ca. 7 kg
Aussehen:	elfenbeinfarben bis hellgelb. Wenige erbsengroße regelmäßige Löcher. Rinde: natürlich, gelb- bis rötlich-braun, genarbt
Konsistenz:	zart, weicher Schnitt
Geschmack:	würzig-fein, nach Kräutern
Rinde eßbar:	nein

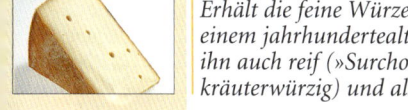

Erhält die feine Würze durch Pflege nach einem jahrhundertealten Rezept. Es gibt ihn auch reif (»Surchoix«, besonders kräuterwürzig) und als Bio-Käse.

ASIAGO PRESSATO [ASIÁ-GO]

Sorte:	Schnittkäse
Herkunft:	Italien (Veneto, Friaul)
Milch:	Kuh (Rohmilch)
Fett:	45 % i. Tr.
Form:	großer Zylinder
Aussehen:	weiß bis hell strohfarben. Mittelgroße unregelmäßige Löcher. Rinde: glatt, weiß
Konsistenz:	fest, leicht cremig
Geschmack:	frisch, neutral, angenehmer Milchgeruch
Rinde eßbar:	nein

Sehr frischer neutraler Käse. Den Asiago gibt es auch abgelagert als »allevo«, dann schmeckt er aromatischer. Zu Tafeltrauben und zu Weißwein

BABYBEL [BÄ-BI-BEL] → BONBEL

BAD AIBLINGER RAHMKÄSE

Sorte:	halfester Schnittkäse
Herkunft:	Deutschland
Milch:	Kuh (pasteurisiert)
Fett:	60 % i. Tr.
Form:	flach, quadratisch
Aussehen:	weiß-gelb. Mit ungleichmäßiger Bruchlochung. Weißschimmelrinde
Konsistenz:	geschmeidig, schnittfest
Geschmack:	mild-cremig, butterartig
Rinde eßbar:	ja

Schmeckt besonders gut gewürfelt abwechselnd mit Trauben auf Spießen. Paßt auch gut zum leichten Überbacken von Toasts mit Obst.

Banon Chèvre

Sorte:	Weichkäse
Herkunft:	Frankreich (Ursprung Provence)
Milch:	Ziege (Rohmilch)
Fett:	45 i. Tr.
Form:	flacher Zylinder mit 75 g
Aussehen:	cremefarben mit bläulichem Schimmer, in Weinlaub oder Kastanienblätter eingewickelt
Konsistenz:	weich, leicht bröckelig
Geschmack:	mild-würzig, nach frischen Blättern
Rinde eßbar:	keine Rinde

Paßt gut zu fruchtigen Roséweinen aus Südfrankreich. Saisonweise auch aus Kuh- und Schafsmilch; aber am meisten verkauft wird der Ziegenkäse

Bavaria Blu

Sorte:	Weichkäse (Markenkäse)
Herkunft:	Deutschland (Oberbayern)
Milch:	Kuh (pasteurisiert) + Sahne
Fett:	70 % i. Tr.
Form:	Torte mit 18 cm Ø und 1,2 kg und Minitorte mit 150 g
Aussehen:	porzellanweiß bis strohgelb mit blauen Schimmeladern. Rinde mit Weißschimmel
Konsistenz:	cremig-weich
Geschmack:	mild-sahnig
Rinde eßbar:	ja

Auf Käseplatten zusammen mit Trauben und Walnüssen. Zu leichten Rosé- und Rotweinen, reif auch zu kräftigen Rotweinen

B

BEAUFORT [BO-FOHR]

Sorte:	Hartkäse
Herkunft:	Frankreich (Alpen: Rhône, Savoyen)
Milch:	Kuh (Rohmilch)
Fett:	mindestens 50 % i. Tr.
Form:	Laib mit 35–70 cm Ø, 15–70 kg
Aussehen:	elfenbeinfarben bis gelb. Mit wenigen kleinen Spaltlöchern. Rinde: strohgelb, gewaschen
Konsistenz:	elastisch, fest, geschmeidig
Geschmack:	mild-aromatisch, nach Milch; gereift: angenehm salzig
Rinde eßbar:	nein

Für Käsewürfel, zum Überbacken, als Fondue- und Raclettekäse. Der gealterte schmeckt gerieben in passierten Gemüsesuppen mit einem Schuß Olivenöl.

BEL PAESE [BEL-PA-ESE]

Sorte:	halbfester Schnittkäse
Herkunft:	Italien
Milch:	Kuh (pasteurisiert)
Fett:	mindestens 50 % i. Tr.
Form:	Laib mit 18–20 cm Ø, ca. 2–2,5 kg
Aussehen:	strohgelb. Wenige kleine Bruchlöcher. Rinde: gelb, glatt, mit Aufdruck »Bel Paese«
Konsistenz:	elastisch, weich, schnittfest. Erinnert an deutschen Butterkäse.
Geschmack:	mild, leicht säuerlich nach Milch
Rinde eßbar:	nein

Bel Paese ist der beliebteste italienische Schnittkäse und wurde 1906 von Egidio Galbani zum ersten Mal produziert. Zum Gratinieren von Pasta und Pizza

BERGADER EDELPILZ

Sorte:	Weichkäse (Käsemarke)
Herkunft:	Deutschland (Oberbayern)
Milch:	Kuh (pasteurisiert)
Fett:	50 % i. Tr.
Form:	Laib mit 2,3 kg. Auch als 1,2 kg-Torte, 3,2 kg-Brot und 125 g-Ecke
Aussehen:	weiß-gelb, mit grünblauen Edelpilzadern durchzogen
Konsistenz:	cremig, leicht bröckelig
Geschmack:	pikant-aromatisch, ähnlich Roquefort
Rinde eßbar:	ja

1927 erstmals von Basil Weixler als »Bayerischer Gebirgs-Roquefort« erzeugt, wurde er auf Einspruch der Franzosen in »Bergader« umbenannt.

BIAROM

Sorte:	halbfester Schnittkäse (Käsemarke)
Herkunft:	Deutschland (Oberbayern)
Milch:	Kuh (pasteurisiert)
Fett:	45 % i. Tr.
Form:	flaches Brot mit 6 kg, auch als halbes Brot
Aussehen:	weiß-gelb
Konsistenz:	geschmeidig-elastisch, schnittfest
Geschmack:	zart-mild bis aromatisch-kräftig, je nach Sorte z. B. nach Kümmel, Paprika, Zwiebel
Rinde eßbar:	ja

Eignet sich auch zum Überbacken für Toasts und Aufläufe. Paßt, je nach Sorte, zu Bier oder kräftigem Weißwein

BIERKÄSE

Sorte:	Weichkäse
Herkunft:	Deutschland (Allgäu)
Milch:	Kuh (pasteurisiert)
Fett:	45 % i. Tr.
Form:	kleine Stange oder Würfel (Miesbacher)
Aussehen:	goldgelb. Vereinzelte kleine Löcher. Rinde: gelb-bräunlich mit Rotschmiere
Konsistenz:	geschmeidig, schnittfest
Geschmack:	kräftig, aromatisch
Rinde eßbar:	ja

Idealer Begleiter zur herzhaften Brotzeit. In reifem Zustand hat er einen intensiven Geschmack und Geruch.

BLEU D'AUVERGNE [BLÖ-DOWERNJE]

Sorte:	Weichkäse
Herkunft:	Frankreich (Auvergne)
Milch:	Kuh und Schaf (pasteurisiert)
Fett:	mindestens 40 % i. Tr.
Form:	zylindrisch mit 18–20 cm Ø und 2–2,5 kg
Aussehen:	cremefarben-gelb, mit Blauschimmeladern durchzogen (ähnlich Roquefort). Wenige Bruchlöcher. Rinde: gelb-braun oder weiß-braunschwarz, trocken
Konsistenz:	geschmeidiger als Roquefort, leicht krümelig-brüchig
Geschmack:	aromatisch bis streng-pikant
Rinde eßbar:	ja

Wie Roquefort: zum Überbacken, zu kräftigen Suppen, zu reifen Rotweinen

B

BLUE BAYOU [BLU-BA-JU]

Sorte:	Weichkäse (Käsemarke)
Herkunft:	Deutschland (Oberbayern)
Milch:	Kuh (pasteurisiert)
Fett:	60 % i. Tr.
Form:	halbrund, in Pappschachteln à 150 g
Aussehen:	elfenbeinfarben, mit Einschlüssen von Blau- und Weißschimmel. Rinde: mit weißem Edelschimmel
Konsistenz:	cremig-weich, leicht bröckelig
Geschmack:	pikant-aromatisch
Rinde eßbar:	ja

Zum Überbacken von Toasts (z.B. Birnen-Toast), zu Dressing und Salat, zu kräftigen Rotweinen; auch zu weißen Dessert- oder Süßweinen

BLUE STILTON [BLU STILTEN]

Sorte:	halbfester Schnittkäse
Herkunft:	Großbritannien (Leicester, Nottingham)
Milch:	Kuh (pasteurisiert)
Fett:	etwa 50 % i. Tr.
Form:	Zylinder in verschiedenen Größen, auch im blauen Glaskeramiktöpfchen
Aussehen:	goldgelb mit unregelmäßigen Blauschimmeleinschlüssen. Rinde: dunkelgelb bis bräunlich mit weißen Flecken, runzelig feucht
Konsistenz:	fest, bröckelig
Geschmack:	pikant, aromatisch
Rinde eßbar:	nein

Als aromatischer Käse zu Käsebuffets, zum Überbacken von Toasts; in Stücken als Abschluß einer Mahlzeit, delikat zu vollsüßen Dessertweinen

BONBEL

Sorte:	halbfester Schnittkäse (Käsemarke)
Herkunft:	Frankreich
Milch:	Kuh (pasteurisiert)
Fett:	50 % i. Tr. (fettreduziert mit 25 %)
Form:	kleiner Rundlaib, auch als rechteckiger Block und Mini-Laib »Babybel«
Aussehen:	hellgelb. Ungleichmäßige kleine Löcher. Orange-gelbe oder rote Schutzrinde
Konsistenz:	elastisch, fest
Geschmack:	mild-neutral, wie Butterkäse
Rinde eßbar:	nein

Babybel macht Kindern Spaß. Für alle, die beim Käse kein Aroma mögen. Zu Bier und halbtrockenem Weißwein

BONIFAZ

Sorte:	Weichkäse (Käsemarke)
Herkunft:	Deutschland (Oberbayern)
Milch:	Kuh (pasteurisiert)
Fett:	70 % i. Tr.
Form:	Torte mit 1,2 kg, als 150 g-Mini-Torte, Bonifaz Rotkultur in 2,2 kg-Torte
Aussehen:	hellgelb bis bernsteinfarben mit Weißschimmelmantel
Konsistenz:	cremig-fest, schnittfest
Geschmack:	sahnig, je nach Geschmacksrichtung nach Pfeffer, Knoblauch, Champignons, Kräuter, Peperoni
Rinde eßbar:	ja

Zum Verfeinern von Saucen und Dressings, auf Käseplatten, zum Überbacken bei nicht zu hohen Temperaturen, neutral zu kräftigem Rotwein

BRESSE BLEU [BRESS BLÖ]

Sorte:	Weichkäse
Herkunft:	Frankreich
Milch:	Kuh (pasteurisiert)
Fett:	70 % i. Tr.
Form:	zylindrisch mit ca. 7 cm Ø
Aussehen:	weiß mit bläulichen Schimmellöchern. Mit Weiß- und Blauschimmel
Konsistenz:	cremig-weich
Geschmack:	mild-würzig
Rinde eßbar:	ja

Zu Nüssen und Trauben, für die Käseplatte und als Snack, zum Überbacken, zu rotem Wein

BRESSO

Sorte:	Frischkäse (Käsemarke)
Herkunft:	Deutschland (Allgäu)
Milch:	Kuh (pasteurisiert)
Fett:	50–70 % i. Tr.
Form:	in kleinen Schachteln, an der Käsetheke auch offen
Aussehen:	quarkartig, weiß, in vielen Geschmacksrichtungen
Konsistenz:	cremig
Geschmack:	mild bis pikant-scharf, je nach Geschmacksrichtung
Rinde eßbar:	keine Rinde

Als Aufstrich, für Dips, in Saucen. Bresso gibt es auch als camembertähnlichen Weichkäse in Tortenform.

BRIE

Sorte:	Weichkäse
Herkunft:	Deutschland, Frankreich
Milch:	Kuh (pasteurisiert)
Fett:	45–70 % i. Tr.
Form:	flache, große Torte
Aussehen:	cremefarben bis goldgelb. Kleine unregelmäßige Löcher. Weiße Edelschimmelrinde
Konsistenz:	geschmeidig, schnittfest
Geschmack:	fein-aromatisch, säuerlich
Rinde eßbar:	ja

Brie kommt ursprünglich aus Frankreich und wird heute in vielen Ländern produziert. Für die Käseplatte, zum Garnieren, zu Rotwein und Weißherbst

BRIE DE MEAUX [BRI-DÖ-MO]

Sorte:	Weichkäse
Herkunft:	Frankreich (Ile-de-France)
Milch:	Kuh (Rohmilch)
Fett:	45 % i. Tr.
Form:	flache, große Torte
Aussehen:	sahnefarben bis goldgelb. Mit winzigen Löchern. Rinde mit weißer Schimmelschicht mit gelblichen Flecken
Konsistenz:	je nach Reife weich bis cremig
Geschmack:	fein-sahnig, nach frischen Pilzen
Rinde eßbar:	ja

Er ist einer der ältesten Käse (1000 Jahre mit genauer Herkunftsbezeichnung. Fürst Metternich nannte ihn »König der Käse«

BROCCIU [BROTSCHU]

Sorte:	Weichkäse
Herkunft:	Frankreich (Korsika)
Milch:	Schaf und Ziege (Rohmilch)
Fett:	mindestens 40 % i. Tr.
Form:	Kegelform
Aussehen:	weiß bis hellgelb. Mit wenigen kleinen Löchern
Konsistenz:	frisch: cremig-geschmeidig, weich; gereift: weich, leicht bröckelig
Geschmack:	frisch; gereift: aromatisch bis pikant, salzig
Rinde eßbar:	ja

Gibt es auch als Frischkäse »Brocciu frais«. Der gereifte »Brocciu sec« oder »passu« ist an der Oberfläche gesalzen und gekühlt längere Zeit haltbar

BURLANDER

Sorte:	Schnittkäse (Käsemarke)
Herkunft:	Deutschland (Oldenburg)
Milch:	Kuh (pasteurisiert)
Fett:	45 % i. Tr. (fettreduziert mit 30 %)
Form:	Brotlaib mit ca. 2,5 kg
Aussehen:	elfenbeinfarben bis gelb. Viele kirsch- bis walnußgroße Löcher
Konsistenz:	geschmeidig, schnittfest
Geschmack:	nußartig, mild-aromatisch
Rinde eßbar:	keine Rinde

Als Schnittkäse, für Käsewürfel mit Trauben und Walnüssen, zum Überbacken, zu Weiß- und Roséwein

BUTTERKÄSE

Sorte:	halbfester Schnittkäse
Herkunft:	Deutschland
Milch:	Kuh (pasteurisiert)
Fett:	45 % i. Tr.
Form:	rechteckiger Brotlaib mit 2–5 kg
Aussehen:	gelb. Vereinzelt kleine Löcher
Konsistenz:	sahnig, schnittfest
Geschmack:	mild, fein säuerlich
Rinde eßbar:	keine Rinde

Für Aufschnitt, Snacks, zum Überbacken, sehr neutral, daher auch fürs Schulbrot

BUTTERKÄSE TÖLZER ART

Sorte:	halbfester Schnittkäse
Herkunft:	Deutschland (Oberbayern)
Milch:	Kuh (pasteurisiert)
Fett:	45 % i. Tr.
Form:	rechteckiger Laib mit ca. 3,2 kg, in gelbe Kunstoffolie verpackt
Aussehen:	hellgelb
Konsistenz:	elastisch, gute Schnittfähigkeit
Geschmack:	frisch, mild, nach Milch
Rinde eßbar:	ja

Auf dem Schulbrot wird Butterkäse wegen seiner Milde besonders von Kindern geschätzt. Für Käsewürfel, zu leichten Weinen

CABRALES [KA-BRÁ-LES]

Sorte:	Weichkäse
Herkunft:	Spanien (Nordspanien, Asturisches Hochland)
Milch:	Kuh, Schaf und Ziege (Rohmilch)
Fett:	45 % i. Tr.
Form:	Zylinder mit 1–3 kg, in Folie gewickelt
Aussehen:	weiß-gelb, mit blauen Schimmeladern, bröckelig. Rinde: bräunlich-gelb, auch schwarz gewachst oder paraffiniert
Konsistenz:	butterartig, cremig, leicht bröckelig
Geschmack:	pikant, würzig, vollmundig
Rinde eßbar:	nein

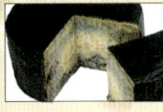

Der »spanische Roquefort« eignet sich zum Überbacken von Toasts mit Obst, für Dressings und Saucen. Er paßt zu reifen Rotweinen und Dessertweinen.

CACIOCAVALLO [KATSCHIO-KAVALLO]

Sorte:	Hartkäse
Herkunft:	Italien (Süditalien)
Milch:	Kuh (Rohmilch)
Fett:	mindestens 44 % i. Tr.
Form:	birnenförmig mit Einschnürung in Form einer unregelmäßigen »8«, paarweise zusammengebunden
Aussehen:	weiß bis strohgelb, glatt. Rinde aus Tauchwachs
Konsistenz:	elastisch-fest
Geschmack:	mild, süßlich; gereift: pikant-würzig
Rinde eßbar:	nein

Kuriosität für Käseplatten, zum Überbacken. Probieren Sie einmal Scheiben von Tomaten und Caciocavallo mit Olivenöl.

CAMBOZOLA

Sorte:	Weichkäse (Käsemarke)
Herkunft:	Deutschland (Allgäu)
Milch:	Kuh (pasteurisiert)
Fett:	70 % i. Tr. (Doppelrahmstufe)
Form:	runde Torte mit ca. 25 m Ø, auch als Mini-Cambozola mit 150 g
Aussehen:	hellgelb mit Blauschimmelmaserung
Konsistenz:	geschmeidig-cremig
Geschmack:	mild-sahnig, leicht pikant
Rinde eßbar:	ja

Sehr beliebt bei allen, die einen milderen Blauschimmelkäse mögen. Für Käseplatten und zum Überbacken, weil er schnell schmilzt.

CAMEMBERT [KA-MOM-BÄR]

Sorte:	Weichkäse
Herkunft:	Frankreich (Normandie)
Milch:	Kuh (Rohmilch)
Fett:	45 % i. Tr. und höher
Form:	kleiner Zylinder mit ca. 11 cm Ø, 250 g
Aussehen:	cremig-gelb, weich, im Alter fließend. Dünne weiße Schimmel-Rinde mit gelb-roten Flecken. Original in typischer Holzschachtel
Konsistenz:	frisch: leicht bröckelig im Kern; reif: cremig, pastös
Geschmack:	mild, leicht säuerlich, nach frischen Pilzen; im Alter würzig
Rinde eßbar:	ja

Der Name stammt von der gleichnamigen Ortschaft in der Provinz Orne. Zum Backen: nicht zu reife Käse verwenden und nach dem Backen ca. 5 Min. warten!

CANTADOU [KAN-TADU]

Sorte:	Frischkäse
Herkunft:	Frankreich
Milch:	Ziege (pasteurisiert)
Fett:	45 % i. Tr.
Form:	kleine, rechteckige Kegel, in Töpfchen verpackt
Aussehen:	weiß, körnig
Konsistenz:	weich, leicht bröckelig
Geschmack:	pikant
Rinde eßbar:	ja

Zu Oliven und eingelegtem Gemüse, zu kräftigem Rotwein

CANTAL

Sorte:	harter Schnittkäse
Herkunft:	Frankreich (Auvergne)
Milch:	Kuh (pasteurisiert)
Fett:	45 % i. Tr.
Form:	hoher Zylinder mit 35–50 cm Ø, 30–45 kg
Aussehen:	blaßgelb bis strohgelb. Rinde: gelb-braun bis gelb-weiß, mehlige Oberfläche mit braun-roten Flecken
Konsistenz:	geschmeidig, schnittfest; reif: brüchig
Geschmack:	leicht säuerlich, auch nach Kräutern; reif: scharf-aromatisch
Rinde eßbar:	ja

Als Käsewürfel, zu kräftigen Rotweinen. Vor allem der Cantal mit Kräutern paßt gut zu ländlichen Käseplatten.

CASTELLO BLUE Blauer Castello

Sorte:	Weichkäse (Käsemarke)
Herkunft:	Dänemark
Milch:	Kuhmilch (pasteurisiert)
Fett:	70 % i. Tr.
Form:	halbrund in blau-weißer Schachtel, auch als 3 kg-Zylinder
Aussehen:	weiß bis cremefarben mit blaugrünen Schimmel-Adern, weißliche Schimmelfläche
Konsistenz:	sahnig-weich
Geschmack:	pikant, Adern würzig-scharf
Rinde eßbar:	keine Rinde

Für Nudelsaucen, zum Überbacken mit Obst, auf Pumpernickel, zu Dessertwein und reifen Rotweinen

CHABICHOU DU POITOU [SCHABI-SCHU DÜ POATUH]

Sorte:	Weichkäse
Herkunft:	Frankreich (Haut-Poitou)
Milch:	Ziege (pasteurisiert)
Fett:	mindestens 45 % i. Tr.
Form:	Kegel mit 4,5–5 cm Ø, 100 g
Aussehen:	weiß, außen Asche mit leicht grau-blauem Schimmel
Konsistenz:	weich, leicht bröckelig
Geschmack:	pikant, mild-säuerlich, typischer Ziegenkäsegeschmack
Rinde eßbar:	ja

Ein besonders feiner Ziegenkäse, der gut auf dem Käsebuffet wirkt. Zu kräftigen einfachen Rotweinen und Bier

CHAMPIGNON CAMEMBERT

Sorte:	Weichkäse (Käsemarke)
Herkunft:	Deutschland (Allgäu)
Milch:	Kuh (pasteurisiert)
Fett:	55 % i. Tr.
Form:	runde Schachtel mit 125 g oder 250 g, auch in portionsgroßen Ecken
Aussehen:	sahnegelb mit weißem Kern
Konsistenz:	cremig-weich
Geschmack:	feinwürzig; reif: sahnig, würzig-aromatisch
Rinde eßbar:	ja

Der bekannteste deutsche Abkömmling der großen Weichkäsefamilie. Auch in einer besonders sahnigen Variante erhältlich

CHAOURCE [SCHA-URS]

Sorte:	Weichkäse
Herkunft:	Frankreich (Champagne)
Milch:	Kuh (Rohmilch)
Fett:	50 % i. Tr.
Form:	Zylinder mit 450 g und ca. 200 g
Aussehen:	hellgelb bis bernsteinfarben. Rinde: mit Weißschimmel und leicht rötlicher Pigmentierung
Konsistenz:	frisch: leicht bröckelig, fest; reif: weich-geschmeidig mit festem Kern
Geschmack:	frisch: leicht säuerlich; reif: fruchtig-nussig
Rinde eßbar:	ja

Zu reifen Rotweinen, mit Trauben und Nüssen auf Käseplatten. Gag bei Gästen: sehr reifen Chaource zum Auslöffeln servieren!

CHAUMES [SCHOOM]

Sorte:	Weichkäse
Herkunft:	Frankreich
Milch:	Kuh (pasteurisiert)
Fett:	50 % i. Tr.
Form:	flache, große Torte
Aussehen:	weiß-gelblich. Mit kleiner durchgehender Lochung. Rinde: mit leichter Rotschmiere
Konsistenz:	weich, aber schnittfest, geschmeidig
Geschmack:	mild-würzig
Rinde eßbar:	ja

Ein Spitzenreiter in der Käsetheke. Für die Käseplatte mit Obst und Früchten, zum Überbacken von Toasts, ideal zu kräftigen Rotweinen

CHAVROUX [SCHAW-RU]

Sorte:	Frischkäse (Käsemarke)
Herkunft:	Frankreich
Milch:	Ziege (pasteurisiert)
Fett:	45 % i. Tr.
Form:	abgeflachte Pyramide mit 150 g
Aussehen:	weiß-cremig, in bedruckter Schachtel
Konsistenz:	fest-cremig, leicht bröckelig
Geschmack:	mild, frisch
Rinde eßbar:	keine Rinde

Milder als normaler Ziegenkäse aus Rohmilch. Zu Käseplatten, auf knusprigem Baguette- oder Ciabatta-Brot, zu kräftigen roten Landweinen und Bier

CHEDDAR [TSCHEDDAR]

Sorte:	Hartkäse
Herkunft:	Großbritannien (Somersetshire)
Milch:	Kuh (pasteurisiert)
Fett:	mindestens 48 % i. Tr.
Form:	großer und kleiner Zylinder
Aussehen:	strohgelb; gefärbt: orange-rot. Geringe Lochung. Rinde: leicht bräunlich mit Leintuch oder mit rotem Paraffinüberzug
Konsistenz:	elastisch bis leicht bröckelig
Geschmack:	kräftig-aromatisch, säuerlich, nussig
Rinde eßbar:	nein

Englands Lieblingskäse macht sich gut als farbiger Akzent bei Käsespießchen, -würfeln und -platten. Zu Bockbier oder braunem Guinness

CHESTER [TSCHESTER]

Sorte:	Schnittkäse
Herkunft:	Deutschland
Milch:	Kuh (pasteurisiert)
Fett:	45 %–50 % i. Tr.
Form:	rechteckiger oder runder Laib mit 5–27 kg
Aussehen:	hellgelb bis hellorange. Mit wenigen schlitzförmigen Löchern
Konsistenz:	fest
Geschmack:	mild-säuerlich
Rinde eßbar:	keine Rinde

Chester findet sich vor allem als Bestandteil von Schmelzkäsen. Als Aufschnitt, Käsewürfel, zu Bier

CHORHERRENKÄSE

Sorte:	Schnittkäse (Käsemarke)
Herkunft:	Österreich (Oberösterreich)
Milch:	Kuh (pasteurisiert)
Fett:	50 % i. Tr.
Form:	Rundlaib mit ca. 3 kg
Aussehen:	buttergelber Teig mit unregelmäßigen Bruchlöchern. Rinde: weiß mit kreuzförmiger Prägung
Konsistenz:	geschmeidig, schnittfest
Geschmack:	zart-mild
Rinde eßbar:	nein

Für Käsewürfel, Käsespießchen, Käsesalat, zum Überbacken, zu Bier und Heurigem (neuem Wein)

COMTÉ [KOMTÉ]

Sorte:	Hartkäse
Herkunft:	Frankreich (Franche-Comté)
Milch:	Kuh (Rohmilch)
Fett:	mindestens 45 % i. Tr.
Form:	mühlsteinförmiger Laib mit ca. 65–70 cm Ø, 30–55 kg
Aussehen:	gelblich bis elfenbeinfarben. Kleine bis kirschgroße ungleichmäßige Löcher. Rinde: gelb-braun, eingetrocknete Schmiere
Konsistenz:	geschmeidig, fest
Geschmack:	mild bis aromatisch
Rinde eßbar:	nein

Der gefragteste französische Hartkäse in Deutschland. Paßt zu vielem, gut zum Reiben und zum Gratinieren von Ragout fin

COULOMMIERS [KU-LOMM-IÉE]

Sorte:	Weichkäse (Brie)
Herkunft:	Frankreich (Ile-de-France)
Milch:	Kuh (roh oder pasteurisiert)
Fett:	mindestens 45 % i. Tr.
Form:	Torte mit ca. 12–15 cm Ø
Aussehen:	weiß-gelb. Unregelmäßige Löcher. Weißschimmelrinde
Konsistenz:	cremig, geschmeidig
Geschmack:	mild-aromatisch, nach frischen Nüssen
Rinde eßbar:	ja

Ideal zum Abschluß eines Menus, delikat mit Nüssen zu Portwein

COTTAGE CHEESE → KÖRNIGER FRISCHKÄSE

COVERDALE [KAWER-DÄL]

Sorte:	halbfester Schnittkäse
Herkunft:	Großbritannien (Yorkshire)
Milch:	Kuh (pasteurisiert)
Fett:	ca. 48 % i. Tr.
Form:	hoher Zylinder mit 12,5–14 cm Ø
Aussehen:	weiß-gelb. Mit wenigen unregelmäßigen Bruchlöchern. Rinde: gelb, aus Wachs
Konsistenz:	fest, halbhart
Geschmack:	leicht süßlich, nach Milch
Rinde eßbar:	nein

Für Käseplatten, Käsespieße, zu halbtrockenen Weißweinen und süßlichem Bier (z. B. Guinness oder Bockbier)

CRÉMONTÉ

Sorte:	Weichkäse (Käsemarke)
Herkunft:	Deutschland (Bayern)
Milch:	Kuh (pasteurisiert)
Fett:	60 % i. Tr.
Form:	Torte mit ca. 18 cm Ø, 1,5 kg
Aussehen:	weiß bis bernsteinfarben mit großen Weißschimmel- und Blauschimmeleinschlüssen. Rinde rundherum mit Weißschimmmel
Konsistenz:	cremig, schnittfest
Geschmack:	sahnig-mild bis leicht aromatisch (Schimmelstellen)
Rinde eßbar:	ja

Ein deutscher »Softie«, der seinem französisch klingenden Namen alle Ehre macht. Als Dessertkäse, auf Käseplatten, zum Überbacken

DACHSTEINER

Sorte:	Schnittkäse
Herkunft:	Österreich (Steiermark)
Milch:	Kuh (pasteurisiert)
Fett:	45 % i. Tr.
Form:	4 kg-Laib
Aussehen:	goldgelb. Mit vereinzelten erbsengroßen, unregelmäßigen Löchern
Konsistenz:	fest-elastisch
Geschmack:	fein-aromatisch bis würzig
Rinde eßbar:	nein

Zu Käsesalat, für Fondues und zum Überbacken, zu Bier und leichten Rotweinen

D

DANABLU

Sorte:	Weichkäse
Herkunft:	Dänemark
Milch:	Kuh (pasteurisiert)
Fett:	50 %, 60 % i. Tr.
Form:	hoher Zylinder mit ca. 16–18 cm Ø, 3 kg
Aussehen:	weiß, leicht krümelig mit lebhaften Blauschimmeladern und unregelmäßigen Bruchlöchern, Oberfläche weiß
Konsistenz:	weich-krümelig, aber schnittfest
Geschmack:	aromatisch, pikant, bei 50 % Fett mild
Rinde eßbar:	ja

Meistverkaufter Blauschimmelkäse in Deutschland, gut geeignet zum Gratinieren, für Dressings und Saucen. Nur kräftige Rotweine können sich durchsetzen.

DANBO

Sorte:	halbfester Schnittkäse
Herkunft:	Dänemark
Milch:	Kuh (pasteurisiert)
Fett:	45 % i. Tr. (fettreduziert mit 30 %)
Form:	quadratischer Block mit 6–12 kg
Aussehen:	gelblich-weiß, auch mit Kümmelkörnern. Mit wenigen unregelmäßigen Löchern. Rinde: mit rötlicher Schmiere, gewachst
Konsistenz:	elastisch, halbfest
Geschmack:	je nach Reife mild bis würzig (Kümmel)
Rinde eßbar:	nein

Für Käsewürfel, ohne Kümmel für Spießchen zusammen mit Früchten. Zu Bier paßt der Danbo mit Kümmel am besten.

DONAUTALER

Sorte:	Schnittkäse (Käsemarke)
Herkunft:	Deutschland
Milch:	Kuh (pasteurisiert)
Fett:	50 % i. Tr.
Form:	rechteckiger Brotlaib mit ca. 2,5 kg
Aussehen:	hell-goldgelb
Konsistenz:	geschmeidig, weich, schnittfest
Geschmack:	aromatisch milder Milchgeschmack
Rinde eßbar:	ja

Ideal für alle, die einen neutral schmeckenden Käse mögen. Fürs Schulbrot, als Aufschnitt, zum feinen Überbacken

EDAMER DEUTSCH

Sorte:	Schnittkäse
Herkunft:	Deutschland
Milch:	Kuh (pasteurisiert)
Fett:	40 % i. Tr. (fettreduziert mit 30 %)
Form:	Brotlaib
Aussehen:	hellgelb bis goldgelb. Vereinzelte runde oder ovale kleine Löcher. Mit roter Folie umhüllt
Konsistenz:	geschmeidig
Geschmack:	mild-frisch, milchartig
Rinde eßbar:	ja

Zum Überbacken von Toasts, Gemüseaufläufen, für Pizza, zum Bier

EDAMER HOLLAND

Sorte:	Schnittkäse
Herkunft:	Holland
Milch:	Kuh (pasteurisiert)
Fett:	40 % i. Tr.
Form:	Kugel oder Brotlaib, mit 2,5–4,5 kg, »Baby-Edam« kleiner
Aussehen:	hellgelb, goldgelb bei mittelalter Ware. Wenige unregelmäßige Löcher. Naturrinde, je nach Alter hellgelb bis mittelbraun. Exportware rot oder gelb paraffiniert.
Konsistenz:	fest, gut schnittfähig
Geschmack:	mild; gereift: herzhaft, ausdrucksvoll
Rinde eßbar:	nein

Für Aufschnitt. Die rote »Baby-Edam«-Kugel ist ein interessanter Blickfang auf Käseplatten und ein Spaß für Kinder.

EMILD

Sorte:	Hartkäse
Herkunft:	Deutschland (Allgäu)
Milch:	Kuh (pasteurisiert)
Fett:	40 % i. Tr.
Form:	abgepackte, rechteckige Stücke mit ca. 250 g
Aussehen:	hellgelb. Große unregelmäßige Löcher
Konsistenz:	elastisch-fest, schnittfest
Geschmack:	mild-neutral
Rinde eßbar:	nein

Für alle, die Käse mögen, der so mild ist, daß er nicht nach Käse schmeckt. Als Käsewürfel mit Trauben auf dem Käsebrett, zu Rosé- und leichten Weißweinen

EMMENTALER, SWITZERLAND

Sorte:	Hartkäse
Herkunft:	Schweiz (Emmental)
Milch:	Kuh (Rohmilch)
Fett:	45 % i. Tr.
Form:	großer Laib mit 70–100 cm Ø
Aussehen:	elfenbein-gelb. Große unregelmäßige Löcher. Rinde: bräunlich-gelb, trocken und hart, Stempel »Switzerland«
Konsistenz:	fest-cremig
Geschmack:	aromatisch-mild, typisch nußartig
Rinde eßbar:	nein

Für Fondues, Snacks, Käse- oder Schweizer Wurstsalat, als Brotbelag. Deutschen Emmentaler finden Sie unter den Namen »Allgäuer Emmentaler« und »Illertaler«.

EPOISSES [EPOASS]

Sorte:	Weichkäse
Herkunft:	Frankreich (Burgund)
Milch:	Kuh (Rohmilch)
Fett:	50 % i. Tr.
Form:	runder Laib von ca. 250 g, an der Käsetheke auch als große Torte
Aussehen:	gelb. Rinde: je nach Reife elfenbeinfarben bis ziegelrot, mit Weißschimmelrasen
Konsistenz:	weich-elastisch
Geschmack:	mild, nußartig
Rinde eßbar:	ja

Die Rinde wird mit Salzwasser abgewaschen, dem der Tresterbrand Marc de Bourgogne zugesetzt ist. Das macht sie besonders aromatisch.

ESROM

Sorte:	halbfester Schnittkäse
Herkunft:	Dänemark (Esrom, Seeland)
Milch:	Kuh (pasteurisiert)
Fett:	mindestens 40 %–60 % i. Tr.
Form:	flacher, rechteckiger Laib mit 1,2–1,5 kg
Aussehen:	hellgelb. Zahlreiche kleinere Löcher. Dünne Rinde mit Schmiere (eßbar) oder mit Wachsüberzug (nicht eßbar)
Konsistenz:	elastisch-weich, schnittfest
Geschmack:	mild-pikant, leicht säuerlich nach Milch
Rinde eßbar:	ja/nein

Esrom gibt es auch mit Kräutern oder Kümmel. Idealer Brotzeitkäse, zu Bier

FETA ORIGINAL

Sorte:	Weichkäse
Herkunft:	Griechenland, Bulgarien
Milch:	Schaf oder Ziege (Rohmilch)
Fett:	mindestens 43 % i. Tr.
Form:	eckige, halbrunde oder runde Stücke, in Salzlake oder Olivenöl eingelegt
Aussehen:	weißer Teig
Konsistenz:	fest-bröckelig
Geschmack:	typischer, etwas aromatischer Geschmack, bei Ziegenkäse kräftiger bis angenehm scharf
Rinde eßbar:	keine Rinde

Feta ist ein traditioneller Begriff für griechischen Schaf- oder Ziegenkäse und wird in aller Welt durch Kuhmilch-Feta nachgemacht.

FETA

Sorte:	Weichkäse/Frischkäse
Herkunft:	Deutschland, Dänemark, Frankreich u. a.
Milch:	Kuh (pasteurisiert)
Fett:	40–55 % i. Tr.
Form:	Würfel in Dosen, Plastikschachteln, Plastikbeuteln (auch vakuumverpackt)
Aussehen:	weiß, bröckelig
Konsistenz:	fest-bröckelig
Geschmack:	schafkäseähnlich aromatisch bis pikant
Rinde eßbar:	ja

Feta-Imitation (auch mit griechisch klingenden Namen) aus Kuhmilch. Ehrlicher wäre »Feta-Art«! Der Geschmack entsteht durch Enzyme

FIORE SARDO [FI-ORE SARDO]

Sorte:	Hartkäse
Herkunft:	Italien (Sardinien, Latium)
Milch:	Schaf (Rohmilch)
Fett:	mindestens 40 % i. Tr.
Form:	kegelförmig, rund (auch quadratisch)
Aussehen:	bernsteinfarben bis goldgelb, reif kann er grau wirken. Mit unregelmäßigen Bruchlöchern. Rinde: kräftig gelb bis dunkelbraun mit schwärzlichen Flecken
Konsistenz:	fest, elastisch-brüchig
Geschmack:	je nach Reife aromatisch bis stark pikant-salzig
Rinde eßbar:	nein

Reifung erfolgt durch Trockensalzung. Jung mit dem Parmesanmesser in Stücke gebrochen zu reifen Rotweinen und Dessertwein; alt als aromatischer Reibekäse

F

Fol Epi

Sorte:	Schnittkäse (Käsemarke)
Herkunft:	Frankreich
Milch:	Kuh (pasteurisiert)
Fett:	50 % i. Tr.
Form:	halbrunder Laib mit ca. 22 cm Ø
Aussehen:	zartgelb. Mit großen unregelmäßigen Löchern. Rinde: Kunststoffüberzug mit Ährenmuster und Aufdruck »Fol Epi«
Konsistenz:	elastisch, fest
Geschmack:	cremig-würzig
Rinde eßbar:	nein

Dekorativ auf Käseplatten, als Brotbelag, auf Sandwiches, zum Gratinieren. Die Rinde sollten Sie immer großzügig abschneiden!

Fontal

Sorte:	Schnittkäse
Herkunft:	Italien (Aosta-Tal)
Milch:	Kuh (pasteurisiert)
Fett:	mindestens 45 % i. Tr.
Form:	großer Rundlaib mit leicht nach innen gewölbtem Rand, 40–45 cm Ø
Aussehen:	weiß-gelb mit wenigen linsenförmigen Löchern. Rinde: bräunlich mit weißen Schimmelspuren
Konsistenz:	elastisch, schnittfest
Geschmack:	mild, süßlich
Rinde eßbar:	nein

Zum Schmelzen und Überbacken, für Käsesaucen und Dressings, auch für Salate

FONTINA

Sorte:	halbfester Schnittkäse
Herkunft:	Italien (Aosta-Tal)
Milch:	Kuh (Rohmilch)
Fett:	mindestens 45 % i. Tr.
Form:	zylindrisch, ca. 40 cm Ø, 8–16 kg
Aussehen:	weiß bis strohfarben. Kleine Löcher. Rinde: hellbraun, dünn, glatt
Konsistenz:	elastisch, weich, schnittfest
Geschmack:	fein-delikat; aus Sommermilch aromatisch-würzig
Rinde eßbar:	nein

Hervorragend zu Fondues, Käsecremes und zum Überbacken, weil er gut schmilzt, delikat zu aromatischen Moscato-Weinen

FROMAGE HANSI [FROMASCH HANSI]

Sorte:	Weichkäse (Käsemarke)
Herkunft:	Frankreich (Elsaß)
Milch:	Kuh (Rohmilch)
Fett:	50 % i. Tr.
Form:	kleine Torte mit 250 g
Aussehen:	hellgelb bis goldgelb. Leichte Lochung. Rinde: mit Rotschmiere und weißlichen Schimmelstellen. In Spanschachtel verpackt
Konsistenz:	weich-gallertartig
Geschmack:	aromatisch bis pikant
Rinde eßbar:	ja

Seine Oberfläche ist mit Marc (Tresterbranntwein) aus Gewürztraminer aromatisiert und enthält Alkohol. Deshalb ist er für Kinder nicht geeignet.

GEHEIMRATSKÄSE

Sorte:	Schnittkäse (Edamer Art)
Herkunft:	Deutschland (Ursprung Holland)
Milch:	Kuh (pasteurisiert)
Fett:	mindestens 45 % i. Tr.
Form:	Kugellaib mit Verflachungen oben und unten (wie Edamer), 10 cm Ø, 450–500 g
Aussehen:	hellgelb bis bernsteingelb, glänzend. Rinde: glatt, rot paraffiniert, manchmal auch in rote Folie gewickelt
Konsistenz:	geschmeidig, schnittfest
Geschmack:	mild, sahnig-butterähnlich
Rinde eßbar:	nein

Als Käsewürfel und Käsespießchen. Die Kugel mit der roten Rinde ist ein attraktiver Blickfang auf dem Käsebuffet. Zu Rosé- und leichten Rotweinen

GÉRAMONT [SCHÉ-RA-MON]

Sorte:	Weichkäse (Käsemarke)
Herkunft:	Frankreich
Milch:	Kuh (pasteurisiert)
Fett:	64 % i. Tr.
Form:	Torte oder in Schachtel
Aussehen:	goldgelb. Leichte Reifelöcher. Rinde mit Weißschimmel
Konsistenz:	cremig-sahnig
Geschmack:	mild-cremig
Rinde eßbar:	ja

Auf Käseplatten, mit Rotwein zu Trauben und Nüssen. Gibt es in verschiedenen Geschmacksvariationen seit 25 Jahren in der ovalen 200 g-Schachtel.

GORGONZOLA

Sorte:	Weichkäse
Herkunft:	Italien (Piemont, Lombardei)
Milch:	Kuh (pasteurisiert)
Fett:	mindestens 48 % i. Tr.
Form:	hoher Zylinder mit 25–30 cm Ø, 6–13 kg
Aussehen:	gelblich-cremefarben mit blau-grünen Schimmeladern. Unregelmäßige Lochung. Rinde: rötlich, rauh
Konsistenz:	cremig-fest, bröckelig, im Alter weich
Geschmack:	aromatisch bis pikant-kräftig
Rinde eßbar:	nein

Zum Überbacken von Toasts und kräftigen Aufläufen, zu Käsesaucen und Dressings. Zusammen mit Trauben, Nüssen und rotem Landwein ein Genuß

GOTLAND

Sorte:	halbfester Schnittkäse
Herkunft:	Schweden (Gotland)
Milch:	Kuh (pasteurisiert)
Fett:	45 % i. Tr.
Form:	quadratischer Laib
Aussehen:	hellgelb. Mit mittelgroßer Lochung. Rinde mit schwarzem Überzug
Konsistenz:	elastisch, fest
Geschmack:	mild, neutral
Rinde eßbar:	nein

Für Käsewürfel, Käsespießchen, zu Knäckebrot, zu Bier und säurearmen Weißweinen

GOUDA

G

Sorte:	Schnittkäse (jung bis überjährig)
Herkunft:	Holland
Milch:	Kuh (pasteurisiert)
Fett:	48 % i. Tr.
Form:	flach-runder Laib mit gewölbten Seiten, 11–15 kg
Aussehen:	hellgelb bis goldgelb. Rinde: strohgelb, mit Paraffin- oder Kunststoffüberzug
Konsistenz:	geschmeidig, schnittfest
Geschmack:	jung: sahnig-mild; mittelalt und alt: kräftig-würzig
Rinde eßbar:	nein

Gouda ist der beliebteste Käse zum Überbacken von Aufläufen und Gratins. Am besten schmelzen der junge und der mittelalte.

GOUDA HOLLAND MAI-GOUDA

Sorte:	Schnittkäse
Herkunft:	Holland
Milch:	Kuh (pasteurisiert), Mai-Milch
Fett:	45 % i. Tr.
Form:	flach-runder Laib
Aussehen:	hellgelb. Wenige linsengroße Löcher. Rinde: glatt, goldgelb, mit Paraffin- oder Kunststoffüberzug
Konsistenz:	zart-sahnig, butterartig
Geschmack:	zart, sahnig, nach frischer Milch
Rinde eßbar:	nein

Saisonspezialität, die 6 Wochen reift. Als Käsewürfel, Käsesalat, zum Überbacken, zu Bier und Weißwein

GRÄDDOST

Sorte:	halbfester Schnittkäse (Käsemarke)
Herkunft:	Schweden
Milch:	Kuh (pasteurisiert)
Fett:	60 % i. Tr.
Form:	Zylinder mit ca. 1 kg
Aussehen:	weiß-gelb. Unregelmäßige Bruch-lochung
Konsistenz:	weich, schnittfest
Geschmack:	mild-säuerlich, auch mit Knoblauch, Oliven und grünem Pfeffer
Rinde eßbar:	ja

Für Käsewürfel. Im Ganzen ein dekorativer Blickfang auf Käseplatten. Nicht überbacken wegen des Nitratzusatzes

GRANA PADANO

Sorte:	Hartkäse
Herkunft:	Italien
Milch:	Kuh (Rohmilch)
Fett:	32 % i. Tr.
Form:	Zylinder mit leicht abgerundeter Kante, 35–45 cm Ø, 25–40 kg
Aussehen:	strohfarbig. Rinde: goldgelb bis dunkelgelb, geölt, mit Stempel »Padano«
Konsistenz:	hart, körnig-brüchig
Geschmack:	zart-aromatisch nußartig (»fresco« = jung), würzig-süßlich (»vecchio« = alt)
Rinde eßbar:	nein

Grana Padano ist der typische italienische Hartkäse, der gerieben fälschlicherweise als Parmesan verkauft werden darf. Für Nudelgerichte, Saucen und Suppen

GREYERZER, GRUYÈRE [GRE-JER-ZER, GRÜ-JÄR]

Sorte:	Hartkäse
Herkunft:	Schweiz (Gruyère und Umgebung)
Milch:	Kuh (Rohmilch)
Fett:	mindestens 49 % i. Tr.
Form:	runde, große Laibe mit 40–65 cm Ø, 20–45 kg
Aussehen:	elfenbeinfarben bis gelb. Vereinzelte mittelgroße, runde Löcher. Rinde: natürlich, dunkelbraun, geschmiert, mit Aufdruck »Gruyère Switzerland«
Konsistenz:	fest-elastisch, schnittfähig
Geschmack:	markant-würzig, kräftig
Rinde eßbar:	nein

Der klassische Fondue-Käse, ideal zum Überbacken von Toasts und Aufläufen, gerieben mit einem Schuß Olivenöl zu passierten Suppen ein Genuß

GRÜNLÄNDER

Sorte:	Schnittkäse (Käsemarke)
Herkunft:	Deutschland (Allgäu)
Milch:	Kuh (pasteurisiert)
Fett:	48 % i. Tr.
Form:	rechteckiger Laib mit ca. 2,6 kg
Aussehen:	weiß-gelb. Mit gleichmäßiger großer Lochung. In grüner Kunststoffhülle mit Aufdruck »Grünländer«
Konsistenz:	elastisch, schnittfest
Geschmack:	mild-nussig
Rinde eßbar:	keine Rinde

Als Frühstückskäse, zum Überbacken, für Käsewürfel mit Trauben und Nüssen, zu frischen Weiß- und Roséweinen

GRÜNTENER

Sorte:	Hartkäse (Käsemarke)
Herkunft:	Deutschland (Allgäu)
Milch:	Kuh (Rohmilch)
Fett:	50 % i. Tr.
Form:	Laib mit ca. 25 cm Ø, ca 9 kg
Aussehen:	goldgelb. Mit einzelnen mittelgroßen Löchern. Rinde: bernsteinfarben, mit Aufdruck »Grüntener«
Konsistenz:	elastisch-fest
Geschmack:	reif-vollwürzig
Rinde eßbar:	nein

Für Käsewürfel und -spießchen, zu fruchtigen Rosé- und Rotweinen oder zu Bier. Gut geeignet auch zum Überbacken von Toasts und Aufläufen

HÄLSINGE

Sorte:	Schnittkäse
Herkunft:	Schweden (Hälsingland)
Milch:	Kuh (pasteurisiert)
Fett:	50 % i. Tr.
Form:	Laib mit ca. 11 kg
Aussehen:	goldgelb. Große runde Löcher. Rinde mit dunkelblauem Wachsüberzug
Konsistenz:	fest
Geschmack:	mild-aromatisch, sahnig; intensives Aroma
Rinde eßbar:	ja

Für Käsewürfel, Käsesalat, zu Rotwein. Wenn man ihn in Pommes frites-große Streifen schneidet, ist er auch gut zum Dippen mit Joghurt-Dips

Halali Limburger

Sorte:	Weichkäse (Käsemarke)
Herkunft:	Deutschland (Allgäu)
Milch:	Kuh (pasteurisiert)
Fett:	40 % i. Tr. (fettreduziert mit 20 %)
Form:	kleine Stange in Stanniolpapier, 200 g, in der Käsetheke als 500 g-Stange
Aussehen:	goldgelb bis rötlich-gelb. Rinde: orange-rötlich mit weißem Schimmelflaum
Konsistenz:	cremig-weich
Geschmack:	herzhaft-pikant
Rinde eßbar:	ja

»Halali« ist eine bayerische Marke für Romadur und Limburger. Auf frischem Landbrot, zu Weißbier und kräftigen Weinen

Halloumi

Sorte:	halbfester Schnittkäse
Herkunft:	Zypern
Milch:	Kuh mit Schaf- und Ziegenmilch (Rohmilch)
Fett:	mindestens 43 % i. Tr.
Form:	250 g-Laib
Aussehen:	weiß, glatt. Mit kleinen unregelmäßigen Bruchlöchern
Konsistenz:	elastisch-fest
Geschmack:	aromatisch, delikat nach Minze
Rinde eßbar:	ja

Schmeckt besonders gut, wenn man ihn wie panierte Schnitzel bäckt oder grillt (zerläuft nicht). 10–15 Min. Wässern senkt den Salzgehalt!

HANDKÄSE BAUERNHANDKÄSE, KORBKÄSE

Sorte:	Sauermilchkäse
Herkunft:	Deutschland
Milch:	Sauermilchquark
Fett:	unter 10 % i. Tr.
Form:	flachrund (»Hand«-Käse), kleine Rollen
Aussehen:	rötlich-gelb, auch mit weißem Edelschimmel
Konsistenz:	weich-elastisch, trocken
Geschmack:	mild-aromatisch bis pikant-kräftig
Rinde eßbar:	ja

Mit Essig, Öl und Zwiebeln das Frankfurter Nationalgericht »Handkäs mit Musik« (die »Musik« kommt später!). Zu Apfelwein oder sehr säurereichem Wein

HARZER HARZER ROLLER

Sorte:	Sauermilchkäse
Herkunft:	Deutschland
Milch:	Sauermilchquark
Fett:	unter 10 % i. Tr.
Form:	Laibe mit 25 g oder Rollen mit 4 oder 5 Laiben (= 100 oder 125 g)
Aussehen:	rötlich-gelber, etwas durchsichtiger Teig. In Zellophanpapier eingepackt
Konsistenz:	geschmeidig, fest
Geschmack:	je nach Reife aromatisch bis pikant
Rinde eßbar:	ja

Ähnlich wie Handkäse zu kräftigem, säurereichem Wein oder Apfelwein und Bier, als Brotzeitkäse oder Snack bei Trinkgelagen. Auch für Kalorienbewußte

HARZINGER KÄSEMARKE → HARZER

HAVARTI

Sorte:	Schnittkäse
Herkunft:	Dänemark (Seeland)
Milch:	Kuh (pasteurisiert)
Fett:	mindestens 45 %–60 % i. Tr.
Form:	quadratische Stangen mit 4,5–5 kg, Zylinder mit ca 5,5–6,5 cm Ø, ca. 500 g
Aussehen:	hellgelb. Zahlreiche unregelmäßige Löcher. Rinde: rötlich-gelb, leichte Schmiere
Konsistenz:	geschmeidig, halbfest bis fest
Geschmack:	mild-sahnig, angenehm säuerlich
Rinde eßbar:	ja

Der typische Schnittkäse aus der Provinz Seeland förderte den Ruf der dänischen Käse im Ausland. Als Frühstückskäse, für Käsesalate, zu Bier

HÖHLENKÄSE

Sorte:	Schnittkäse
Herkunft:	Dänemark
Milch:	Kuh (pasteurisiert)
Fett:	50 % i. Tr.
Form:	Brotlaib mit ca. 8–9 kg
Aussehen:	gelb. Mit vereinzelten kirschgroßen Löchern. Rinde: goldgelb, mit Wachsüberzug
Konsistenz:	fest, elastisch, schnittfest
Geschmack:	herzhaft-würzig
Rinde eßbar:	nein

Höhlenkäse hat seinen Namen von seiner Reifung in Kalksteinhöhlen. Als Käsewürfel oder mit Obst auf Käsespießen, zu Bier oder zu kräftigen roten Landweinen

H

HOLLAND EDAMER → EDAMER

HOLLAND GOUDA → GOUDA

HOLLAND MAASDAM → MAASDAMER

HOLLAND MAI-GOUDA → GOUDA

HÜTTENKÄSE → KÖRNIGER FRISCHKÄSE

I

IBÉRICO

Sorte:	halbfester Schnittkäse
Herkunft:	Spanien
Milch:	Kuh, Schaf und Ziege (pasteurisiert)
Fett:	mindestens 45 % i. Tr.
Form:	Zylinder mit 2–3,5 kg, in vielerlei Ausführungen
Aussehen:	hellgelb bis elfenbeinfarben
Konsistenz:	elastisch-schnittfest
Geschmack:	würzig, nach Milch
Rinde eßbar:	nein

In ganz Spanien verbreiteter Schnittkäse aus drei Milcharten, zu je 25–40 % enthalten. Als Brotbelag, für Käsewürfel, zum Überbacken, zu leichten Weinen

IDIAZÁBAL [IDIA-SSÁ-BAL]

Sorte:	Hartkäse
Herkunft:	Spanien (Baskenland, Navarra)
Milch:	Schaf (Rohmilch)
Fett:	mindestens 45 % i. Tr.
Form:	Zylinder mit 1–3 kg
Aussehen:	weiß bis blaßgelb. Kleine gleichmäßige Löcher. Rinde: hell, bei geräuchertem Idiazábal je nach verwendetem Räucherholz goldgelb bis dunkelgelb
Konsistenz:	feinkörnig, fest
Geschmack:	pikant, würzig, rauchig (geräuchert)
Rinde eßbar:	nein

Als Reibekäse zu Nudel- und Reisgerichten, in Stücke gebrochen zu Landbrot und Rotwein

ILLERTALER DEUTSCHER EMMENTALER

Sorte:	Hartkäse (Käsemarke)
Herkunft:	Deutschland (Allgäu)
Milch:	Kuh (pasteurisiert)
Fett:	45 % i. Tr.
Form:	rechteckiger Laib mit 12,2 kg, in durchsichtiger Kunststoffolie
Aussehen:	hell-goldgelb. Mit typischer Emmentaler-Lochung
Konsistenz:	elastisch, fest, schnittfähig
Geschmack:	mild, fein-nußig
Rinde eßbar:	keine Rinde

Ein Markenkäse, der ganz in der Tradition der Allgäuer Emmentaler steht. Für Käsewürfel mit Trauben und Walnüssen, für Käsesalate

Jarlsberg

Sorte:	halbfester Schnittkäse
Herkunft:	Norwegen (Gebiet um Jarlsberg)
Milch:	Kuh (pasteurisiert)
Fett:	45 % i. Tr.
Form:	runder, großer Laib
Aussehen:	gelblich-weiß. Mittelgroße bis große Löcher. Rinde: gelblich mit Paraffinüberzug, an den Seiten gewölbt
Konsistenz:	elastisch
Geschmack:	angenehm nußartig-aromatisch
Rinde eßbar:	nein

Der leichte Nußgeschmack wird besonders von Kindern geschätzt, daher ideal fürs Schulbrot.

Jausenkäse

Sorte:	halbfester Schnittkäse
Herkunft:	Österreich
Milch:	Kuh (pasteurisiert)
Fett:	45 % i. Tr. (fettreduziert mit 35 %)
Form:	Zylinder mit ca. 10-12 cm Ø, ca. 750 g, auch als Stangenlaib mit 2 kg
Aussehen:	weiß-gelb bis strohgelb. Mit mittelgroßer regelmäßiger Bruchlochung
Konsistenz:	elastisch-weich, schnittfest
Geschmack:	feinherb, säuerlicher Milchgeschmack
Rinde eßbar:	keine Rinde

Jause ist die österreichische Bezeichnung für eine ländliche Brotzeit mit deftigen Lebensmitteln. Der Jausenkäse ist ideal als Frühstückskäse, für Käsesalate und Käsespießchen, zum Bier.

JURASSIC [SCHÜ-RASSIK]

Sorte:	Hartkäse
Herkunft:	Frankreich (Jura)
Milch:	Kuh (Rohmilch)
Fett:	mindestens 48 % i. Tr.
Form:	große Torte
Aussehen:	hellgelb. Mit wenigen kleinen Löchern. Rinde: braun, nach speziellem Hausrezept behandelt. 4 oder 10 Monate gereift
Konsistenz:	jung: elastisch; reif: halbhart
Geschmack:	fruchtig, nach frischen Haselnüssen
Rinde eßbar:	nein

Ideal zum Abschluß einer Mahlzeit, als Zwischendurch-Snack mit Trauben und Nüssen, zu frischem Bauernbrot; dazu ein kräftiger roter Landwein oder Bier

KÄRNTNER RAHMLAIB

Sorte:	halbfester Schnittkäse
Herkunft:	Österreich
Milch:	Kuh
Fett:	60 % i Tr.
Form:	runder Laib mit ca. 25 cm Ø, 4 kg
Aussehen:	hell-goldgelb
Konsistenz:	zartschmelzend, cremig
Geschmack:	aromatisch, vollmundig, sahnig
Rinde eßbar:	nein

Der Name dieser Gebiets-Spezialität weist auf hohen Fettgehalt und viel Geschmack hin. Zu Schwarzbrot, als Käsewürfel, zu Rotwein

KAISER MAX

Sorte:	Schnittkäse (Käsemarke)
Herkunft:	Österreich (Tirol)
Milch:	Kuh (pasteurisiert)
Fett:	55 % i. Tr.
Form:	viereckiger Laib
Aussehen:	gelblicher Teig. Mit vereinzelter erbsengroßer Lochung. Rinde mit Rotschmiere
Konsistenz:	geschmeidig, schnittfest
Geschmack:	mild-würzig bis pikant
Rinde eßbar:	ja

In Österreich ein viel gekaufter Käse, nicht nur wegen seines kaiserlichen Namens. Als Frühstückskäse, mit Trauben und Nüssen, zu leichten Rot- und Roséweinen

KEFALOTYRI

Sorte:	Hartkäse
Herkunft:	Griechenland
Milch:	Schaf (Rohmilch)
Fett:	ca. 50 % i. Tr.
Form:	Zylinder mit ca. 18–20 cm Ø, 6–10 kg
Aussehen:	weiß bis hellgelb. Unregelmäßige kleine Bruchlöcher. Trockene Oberfläche, fast keine Rinde
Konsistenz:	elastisch, fest
Geschmack:	scharf-aromatisch, salzig
Rinde eßbar:	nein

Zu Oliven und Sauergemüse, für Käsesalate, gerieben als Streukäse zu pikanten Nudelgerichten

KERNHEM

Sorte:	halbfester Schnittkäse (Käsemarke)
Herkunft:	Holland
Milch:	Kuh (pasteurisiert)
Fett:	60 % i. Tr.
Form:	flach-runder Laib mit scharfer Unter- und abgerundeter Oberkante, ca. 2,5 kg
Aussehen:	goldgelb. Rinde: gelb-orange mit Kunststoffüberzug
Konsistenz:	elastisch, schnittfest
Geschmack:	mild-aromatisch
Rinde eßbar:	nein

Ein »Holländer«, der in der Beliebtheit mit dem Leerdamer gleichgezogen hat. Für Käsewürfel, zum Überbacken von Toasts und Aufläufen

KOCHKÄSE

Sorte:	Schmelzkäse aus gereiftem Quark
Herkunft:	Deutschland
Milch:	Kuh (pasteurisiert)
Fett:	30 %, 45 % i. Tr.
Form:	in Bechern oder Dosen
Aussehen:	weiß-gelblich
Konsistenz:	cremig-flüssig
Geschmack:	je nach Gewürz (z. B. Kümmel) mild oder aromatisch
Rinde eßbar:	keine Rinde

Die typische Leibspeise der Oberhessen gewinnt immer mehr Liebhaber. Zu Pellkartoffeln oder Gemüseplatten, zu Bier und Apfelwein

KÖRNIGER FRISCHKÄSE HÜTTENKÄSE

Sorte:	Frischkäse aus Quark
Herkunft:	Deutschland
Milch:	Kuh (pasteurisiert)
Fett:	unter 10 %–20 % i. Tr.
Form:	in Bechern oder Schalen
Aussehen:	weiß, grobkörniger Bruch (durch Erhitzen)
Konsistenz:	elastisch-weich, teils bröckelige erbsengroße Körner
Geschmack:	mild, angenehm säuerlich
Rinde eßbar:	keine Rinde

Eiweißreicher Frühstückskäse, fettarm für die Schlankheitskur, mit Früchten oder Marmelade als Dessert, bei Kindern beliebt

KORBKÄSE

Sorte:	Sauermilchkäse
Herkunft:	Deutschland (Harz)
Milch:	Kuh (pasteurisiert)
Fett:	unter 1 % i. Tr.
Form:	flacher Zylinder mit ca. 8–10 cm Ø, 150–200 g
Aussehen:	gelblich-braun, leicht durchsichtig mit dünner Weißschimmelschicht in der Mitte. Rinde mit Edelschimmel
Konsistenz:	fest, gallertartig, manchmal leicht bröckelig
Geschmack:	aromatisch
Rinde eßbar:	ja

Hessenkäse der Edelklasse. Schmeckt deftig, aber macht nicht dick. Zu Apfelwein (»Speierling«) und Bier

KRAVASAL

Sorte:	Schmelzkäsezubereitung (Käsemarke)
Herkunft:	Deutschland
Milch:	Kuh (pasteurisiert)
Fett:	60 % i. Tr.
Form:	Torte mit ca. 22 cm Ø und Loch in der Mitte
Aussehen:	goldgelb. Rinde: gold-braun mit eingeprägtem Schriftzug
Konsistenz:	geschmeidig, schnittfest
Geschmack:	aromatisch-würzig nach Rauch (Naturholz-Räucherung)
Rinde eßbar:	ja

Einer der ältesten Markenkäse mit dem unverwechselbaren Räucher-Geschmack. Spezialität für die Käseplatte, und als würzige Zutat zu Käsespießchen

LA PETITE FRANÇAISE [LA-PÖTITE FRONSÄSE]

Sorte:	Weichkäse (Käsemarke)
Herkunft:	Frankreich
Milch:	Kuh (pasteurisiert)
Fett:	60 % i. Tr. (fettreduziert mit 50 %)
Form:	ovaler Laib mit 100 g in Pappschachtel, auch als Torte in der Käsetheke
Aussehen:	weiß bis weiß-gelb. Mit wenigen Bruchlöchern. Rinde mit weißem Edelschimmelüberzug
Konsistenz:	weich-cremig
Geschmack:	mild-cremig, leicht säuerlich nach Milch
Rinde eßbar:	ja

Wie Camembert auf dem Käsebrett zu Trauben und Nüssen, zum Überbacken, zu reifen Rotweinen

LANDANA

Sorte:	Schnittkäse (Käsemarke)
Herkunft:	Holland
Milch:	Kuh (pasteurisiert)
Fett:	52 % i. Tr.
Form:	elliptisch geformter Laib mit abgerundeten Kanten
Aussehen:	gold-orange. Mit mittelgroßen Löchern. Rinde: matt-orange
Konsistenz:	geschmeidig, schnittfest
Geschmack:	mild-nussig bis würzig
Rinde eßbar:	nein

Für Käsewürfel, als Aufschnitt, für Käsesalat, zu Bier und leichten Roséweinen

LAUTERBACHER STROLCH

Sorte:	Weichkäse (Deutscher Camembert)
Herkunft:	Deutschland (Hessen)
Milch:	Kuh (pasteurisiert)
Fett:	30 %, 45 %, 50 % (Bio), 60 % i. Tr.
Form:	Torten mit 80 und 150 g in Schachtel mit Bild »Lauterbacher Strolch«
Aussehen:	weiß bis sahnegelb. Mit kleinen Bruchlöchern. Rinde mit Weißschimmel
Konsistenz:	je nach Fettstufe und Reife geschmeidig bis weich
Geschmack:	mild
Rinde eßbar:	ja

Der Name bezieht sich auf das Lied vom »Strolch«, der in Lauterbach seinen Strumpf verloren hat. Unter der zusätzlichen Bezeichnung »Lauterbacher Berghöfe« ist er als Bio-Käse erhältlich.

LE TRUFFIER [LÖ TRÜ-FIÉ]

Sorte:	halbfester Schnittkäse
Herkunft:	Frankreich (Zentralmassiv)
Milch:	Kuh (pasteurisiert)
Fett:	50 % i. Tr.
Form:	runder Laib mit ca. 24 cm Ø
Aussehen:	goldgelb. Rinde: braun, trocken, leicht strukturiert mit Aufdruck »Le Truffier«
Konsistenz:	fest-elastisch
Geschmack:	würzig-aromatisch
Rinde eßbar:	nein

Für Käsewürfel, zu Bauernbrot, für Raclette, Toasts und Sandwiches, zu trockenen Weinen

LEERDAMER KÄSEMARKE → MAASDAMER

LIMBURGER

Sorte:	Weichkäse
Herkunft:	Deutschland (Ursprung Belgien, Limburg)
Milch:	Kuh (pasteurisiert)
Fett:	20 %, 40 %, 50 % i. Tr.
Form:	rechteckige Stange
Aussehen:	mattglänzend hellgelb. Reif mit kleinen Löchern. Rinde: rötlich-braun, klebrig durch Rotschmiere
Konsistenz:	weich, aber schnittfest
Geschmack:	je nach Alter würzig bis pikant (Stinker!)
Rinde eßbar:	ja

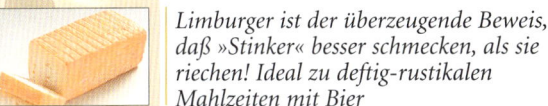

Limburger ist der überzeugende Beweis, daß »Stinker« besser schmecken, als sie riechen! Ideal zu deftig-rustikalen Mahlzeiten mit Bier

LIPTAUER

Sorte:	Weichkäse
Herkunft:	Slowakei
Milch:	Schaf (Rohmilch)
Fett:	50 % i. Tr.
Form:	in Töpfchen oder Bechern
Aussehen:	weiß bis porzellanfarben
Konsistenz:	pastenartig, streichfähig
Geschmack:	fein-aromatisch bis pikant
Rinde eßbar:	keine Rinde

Echter »Liptauer« ist nicht zu verwechseln mit »Käse Liptauer Art«, einer beliebten Resteverwertung in Handel und Gastronomie.

LIVAROT [LIWAROH]

Sorte:	Weichkäse
Herkunft:	Frankreich (Normandie)
Milch:	Kuh (pasteurisiert)
Fett:	40 % i. Tr.
Form:	kleiner Laib mit 12 cm Ø
Aussehen:	goldgelb. Mit kleinen Bruchlöchern. Rinde: mit rot-orangefarbener Schmiere, mit fünfstreifigem Band umrollt
Konsistenz:	fein-elastisch
Geschmack:	herb-säuerlich, erdig
Rinde eßbar:	nein

Wie Limburger und Bierkäse zu deftigen Käseplatten und zum Abschluß einer Mahlzeit, zu Bier und kräftigen Schoppenweinen

MAASDAMER

Sorte:	Schnittkäse
Herkunft:	Holland
Milch:	Kuh (pasteurisiert)
Fett:	45 % i. Tr.
Form:	rund-zylindrisch, 11–14 kg
Aussehen:	hellgelb. Zahlreiche kirschgroße Löcher. Rinde: glatt, gelb mit Paraffin- oder Kunststoffüberzug
Konsistenz:	geschmeidig-fest
Geschmack:	nußartig-mild
Rinde eßbar:	nein

Als Aufschnitt, für Käsewürfel zu Trauben und Nüssen, für Käsesalate. Rinde wie bei allen Holland-Schnittkäsen, die nicht Bio sind, großzügig abschneiden!

MAHÓN [MA-ÓN]

Sorte:	Schnittkäse
Herkunft:	Spanien (Insel Menorca)
Milch:	Kuh (pasteurisiert)
Fett:	38 % i. Tr.
Form:	quadratisch mit runden Kanten, 0,75–3 kg
Aussehen:	gelblich, elfenbeinfarben. Unregelmäßige kleine Lochung. Rinde: gelb bis orange-gelb; alte mit Schimmelflecken
Konsistenz:	elastisch, glatt, schnittfest
Geschmack:	pikant, »meerwürzig«, leicht salzig, sahnig
Rinde eßbar:	nein

Der Mahón wird in drei Reifegraden hergestellt: halbreif (»semicurado«), vollreif (»curado«) und gealtert (»añejo«).

MAINZER

Sorte:	Sauermilchkäse
Herkunft:	Deutschland
Milch:	Kuhmolke (pasteurisiert)
Fett:	10–30 % i. Tr.
Form:	runder Minilaib oder Rolle mit 125 g
Aussehen:	rötlich-gelb, transparenter Teig
Konsistenz:	halbfest, leicht bröckelig
Geschmack:	aromatisch, pikant
Rinde eßbar:	ja

Zu säurereichem Schoppenwein, als »Diätkäse«. In Mainz heißt er »Handkäs«, und man trinkt sauren (säurereichen) Wein dazu.

MAJORERO [MA-CHO-RÉ-RO]

Sorte:	Schnittkäse, Frischkäse
Herkunft:	Spanien (Kanarische Inseln)
Milch:	Ziege (Rohmilch)
Fett:	50 % i. Tr.
Form:	Schnittkäse in Zylindern mit 1,2–4 kg
Aussehen:	hellgelb. Rinde: bräunlich-beige, mit Rillenmuster auf Ober- und Unterseite und Rhombenmuster an den Seiten, die von den zur Herstellung verwendeten Körben stammen
Konsistenz:	kompakt, je nach Reife cremig bis fest
Geschmack:	mild, nach Butter, leichtes Röstaroma
Rinde eßbar:	nein

Er gilt wegen seines Röstaromas als Geheimtip unter Spaniens Käsen. Für die Käseplatte, zu frischem Brot und Landwein

MANCHEGO [MAN-TSCHÉ-GO]

Sorte:	Hartkäse
Herkunft:	Spanien (Kastilien, La Mancha)
Milch:	Schaf (Rohmilch und pasteurisiert)
Fett:	mindestens 50 % i. Tr.
Form:	großer Zylinder mit 21 cm Ø
Aussehen:	je nach Alter weiß bis elfenbeinfarben. Kleine unregelmäßige Löcher. Rinde: schwarz-gelb, mit Paraffinüberzug. Das Kerben-Muster »Pleta« erinnert an die traditionelle Herstellung.
Konsistenz:	elastisch, fest bis hart
Geschmack:	neutral milchartig-sahnig, fein nussig, im Alter (»viejo«) aromatisch
Rinde eßbar:	nein

Der »Shooting-Star« in der Käsetheke ist die Spezialität aus La Mancha, der Heimat von Don Quijote.

MANOURI [MA-NU-RI]

Sorte:	Molken-Frischkäse
Herkunft:	Griechenland (Thessalien, Epyros, Mazedonien)
Milch:	Ziege und Schaf (pasteurisiert)
Fett:	ca. 70 % i. Tr.
Form:	Rolle oder Wurst mit ca. 10–15 cm Ø
Aussehen:	porzellanweiß. Keine Löcher
Konsistenz:	elastisch, weich, aber schnittfest
Geschmack:	sahnig, angenehm säuerlich nach Molke
Rinde eßbar:	keine Rinde

Zur griechischen Küche mit Oliven und Frischgemüse. Am besten paßt ein Retsina oder ein Bier.

MARQUIS [MAR-KI]

Sorte:	Weichkäse (Käsemarke)
Herkunft:	Dänemark
Milch:	Kuh (pasteurisiert)
Fett:	70 % i. Tr.
Form:	Rolle mit ca 1 kg, kleine Torte mit 150 g und Ecke mit 20 g
Aussehen:	bernstein-gelb mit Weißschimmel im Inneren und auf der rötlichen Rinde
Konsistenz:	weich, sahnig
Geschmack:	cremig-pikant, leichter Nußton
Rinde eßbar:	ja

Wie Camembert zum Abschluß einer Mahlzeit, mit Äpfeln oder Trauben, zu reifen Rotweinen und Portwein

MASCARPONE

Sorte:	Frischkäse
Herkunft:	Italien
Milch:	Kuh (Rohmilch oder pasteurisiert)
Fett:	45–55 % i. Tr.
Form:	in Bechern
Aussehen:	weiße, sahnige Creme
Konsistenz:	sahnig, streichfähig
Geschmack:	vollmundig, mild bis süßlich
Rinde eßbar:	keine Rinde

Der Mascarpone ist in Deutschland durch »Tiramisu« (ein Dessert mit Löffelbiskuits) berühmt geworden. Er findet Verwendung auch in Saucen, Kuchen, Cremes.

MAURICE [MO-RIES]

Sorte:	halbfester Schnittkäse (Käsemarke)
Herkunft:	Deutschland (Oldenburger Land)
Milch:	Kuh (pasteurisiert)
Fett:	50 % i. Tr.
Form:	Brotlaib, in durchsichtiger Folie
Aussehen:	hell- bis goldgelb, mit Kräutern und Gewürzen durchsetzt
Konsistenz:	geschmeidig, schnittfest
Geschmack:	herzhaft-aromatisch nach Kräutern und Knoblauch
Rinde eßbar:	ja

Knoblauch im Butterkäse verstärkt den französischen »Touch« und den Erfolg. Zu frischem Landbrot, zu Bier und kräftigen Weißweinen

MIMOLETTE [MI-MO-LETT]

Sorte:	Hartkäse
Herkunft:	Frankreich
Milch:	Kuh (pasteurisiert)
Fett:	40 % i. Tr.
Form:	kugelförmiger Laib
Aussehen:	orange-rot. Kann fast keine bis erbsengroße Löcher haben. Rinde: rot-orange, hart, mit und ohne Schimmel, oft mit Paraffin- oder Kunststoffüberzug
Konsistenz:	halbfest bis hart, bröckelig
Geschmack:	leicht säuerlich bis angenehm bitter; reif: aromatisch
Rinde eßbar:	nein

Für Käsewürfel, zu Käsespießchen mit Trauben und mildem Hartkäse, zu kräftigen Weinen, zu Portwein, Sherry, zu dunklem Starkbier (Guinness)

MIRABO

Sorte:	Weichkäse (Käsemarke)
Herkunft:	Deutschland (Allgäu)
Milch:	Kuh (pasteurisiert)
Fett:	65 % i. Tr.
Form:	Torte mit ca. 23 cm Ø, 1,9 kg, auch als 150 g-Mini-Torte in Papier
Aussehen:	cremefarbener Teig (Mini-Torte auch mit Kräutern und Pfefferkörnern). Rinde mit Weißschimmel
Konsistenz:	cremig-weich
Geschmack:	sahnig, frisch-säuerlich
Rinde eßbar:	ja

Für Käseplatten, zum Überbacken, zum Abschluß einer Mahlzeit. Mit Birne auf dem Schulbrot bei Kindern beliebt

MONDSEER

Sorte:	halbfester Schnittkäse
Herkunft:	Österreich (Salzkammergut)
Milch:	Kuh (pasteurisiert)
Fett:	45 % i. Tr.
Form:	Laib mit 3,5 kg
Aussehen:	weiß-gelb. Schlitzlochung
Konsistenz:	halbfest
Geschmack:	pikant, würzig
Rinde eßbar:	ja

Ein Mittelding zwischen Hart- und Schnittkäse. Heißt in Österreich auch »Mondseer Schachtelkäse« nach der früheren Verpackung.

MONGHIDORO [MONGI-DORO] M

Sorte:	halbfester Schnittkäse
Herkunft:	Italien (Bologna)
Milch:	Kuh (pasteurisiert, Bio)
Fett:	44 % i. Tr.
Form:	kleine, flache Torte, ca. 1 kg
Aussehen:	porzellanweiß. Geschlossen, mit erbsengroßen Löchern. Hell- bis braun-gelbe Naturrinde
Konsistenz:	elastisch, schnittfest
Geschmack:	mild, feinwürzig
Rinde eßbar:	nein

Nur im Reformhaus erhältlich. Frühstückskäse, für Würfel und Spießchen mit Trauben und Nüssen, zum Überbacken, zu fruchtigen Rosé- und Rotweinen

MONTAFONER BERGKÄSE

Sorte:	Hartkäse
Herkunft:	Österreich (Vorarlberg)
Milch:	Kuh (pasteurisiert, Bio)
Fett:	45 % i. Tr.
Form:	großer runder Laib
Aussehen:	honiggelb. Mit erbsen- bis kirschgroßen unregelmäßigen Löchern. Rinde: gelbbraun, trocken mit Rotschmiere, mit Aufdruck »Montafoner Bergkäse«
Konsistenz:	fest, elastisch
Geschmack:	mild-aromatisch, nach frischen Nüssen
Rinde eßbar:	ja

Ein typischer Vertreter der traditionellen Bergbauern-Käse. Zur Jause oder Brotzeit, auch zum Überbacken von Toasts und fürs Fondue geeignet

MONT D'OR [MON-DOR]

Sorte:	Weichkäse
Herkunft:	Frankreich (Jura-Savoyen)
Milch:	Kuh (Rohmilch)
Fett:	45 % i. Tr.
Form:	rund, wie Camembert, in Fichtenholzschachtel, ca. 500 g
Aussehen:	weiß-gelb, cremig
Konsistenz:	cremig-schmelzend
Geschmack:	zart-sahnig, leicht nach Fichtenholz
Rinde eßbar:	ja

Die Fichtenholzschachtel gibt ihr Holz-Aroma beim Reifen an den Käse ab. Der Käse wird mit Schachtel gewogen (brutto für netto).

MONT SALVAT [MON-SALWA]

Sorte:	Weichkäse
Herkunft:	Deutschland (Fränkische Schweiz)
Milch:	Kuh (pasteurisiert)
Fett:	60 % i. Tr.
Form:	Zylinder mit ca. 20 cm Ø, 2,5 kg, auch in 125 g-Tortenscheiben
Aussehen:	porzellanfarben mit unregelmäßigen Blauschimmeleinschlüssen
Konsistenz:	cremig-fest
Geschmack:	mild-sahnig
Rinde eßbar:	ja

Der milde Blauschimmelkäse paßt zum Überbacken, in Saucen und Dressings, zu harmonischen Rot- und Weißweinen ohne Säure.

MONTASIO

Sorte:	Hartkäse
Herkunft:	Italien (Julische Alpen)
Milch:	Kuh (Rohmilch)
Fett:	mindestens 40 % i. Tr.
Form:	Zylinder mit 30–38 cm Ø
Aussehen:	jung: hell- bis strohgelb; gereift: gold-gelb bis bernsteinfarben. Unregelmäßige kleine Löcher. Rinde: glatt mit eingebranntem Zeichen »Montasio«
Konsistenz:	fein-körnig bis bröckelig
Geschmack:	jung: süßlich-milchig; gereift: pikant, angenehm salzig
Rinde eßbar:	nein

Als Reibekäse zu Pasta und Gemüse-suppen, in Stücke gebrochen zu rotem Landwein

MOOSBACHER

Sorte:	Schnittkäse (Käsemarke)
Herkunft:	Österreich (Steiermark)
Milch:	Kuh (pasteurisiert)
Fett:	45 % i. Tr.
Form:	runder Laib mit 7,5 kg
Aussehen:	hell-goldgelb. Mit großen unregelmäßigen Löchern. Rinde: Leinentuch mit Rotschmiere und Aufdruck »Moosbacher«
Konsistenz:	halbfest, elastisch
Geschmack:	mild bis würzig
Rinde eßbar:	nein

Das Leinentuch in der Rinde soll den ländlichen Charakter unterstreichen. Für Käsewürfel, Käsesalat, Käsespießchen mit Trauben, zu neuem Wein

M

MORBIER [MOR-BI-EE]

Sorte:	Schnittkäse
Herkunft:	Frankreich (Franche-Comté, Jura)
Milch:	Kuh (Rohmilch oder pasteurisiert)
Fett:	mindestens 45 % i. Tr.
Form:	runder Laib
Aussehen:	elfenbeinfarben, mit ca. 1 cm Holzascheschicht in der Mitte des Laibes. Verschieden große Löcher. Rinde: hellbraun mit leichter Schmierenbildung
Konsistenz:	geschmeidig, weich
Geschmack:	fruchtig, Partien mit Asche säuerlich
Rinde eßbar:	nein

Eine attraktive Sorte fürs Käsebuffet. Die Asche wurde früher zur Unterscheidung von anderen Käsen beigegeben und wurde dann zur Tradition.

MOZZARELLA ORIGINAL

Sorte:	Frischkäse
Herkunft:	Italien (Lombardei, Mailand)
Milch:	Kuh (pasteurisiert), Büffel
Fett:	45 % i. Tr.
Form:	ovale Kugeln in Salzlake, auch in kleinen Kugeln; offen und verpackt
Aussehen:	porzellanfarben, glatt
Konsistenz:	elastisch, schnittfest
Geschmack:	angenehm säuerlicher Milchgeschmack, Büffelmozzerella: aromatisch
Rinde eßbar:	keine Rinde

Der Name stammt von »mozzare« (= abziehen) aus »pasta filata«, einem gezogenen (Faden-)Teig. Typisch als Pizza-Käse, zum Überbacken, für Salate, Spieße und Pasta

MOZZARELLA

Sorte:	Frischkäse
Herkunft:	Deutschland
Milch:	Kuh (pasteurisiert)
Fett:	40–45 % i. Tr.
Form:	125–150 g-Kugeln in Salzlake. In Becher oder Kunststoffbeutel verpackt
Aussehen:	weiß, glatte Oberfläche, innen glatt-bröckelig
Konsistenz:	plastisch, elastisch, schnittfest
Geschmack:	neutral-mild
Rinde eßbar:	keine Rinde

Zum Überbacken der Pizza. Mit Tomaten und Basilikumblättern als »Caprese« schon Standard auf vielen Speisekarten

MUNSTER GÉROMÉ [MÜN-STÄR SCHEROME]

Sorte:	Weichkäse
Herkunft:	Frankreich
Milch:	Kuh (Rohmilch)
Fett:	50 % i. Tr.
Form:	Torte mit 500 g
Aussehen:	gelb. Rinde: mit Rotschmiere
Konsistenz:	cremig-fest, später schmelzend
Geschmack:	reif: intensiv kräftig, leicht süßlich
Rinde eßbar:	ja

Die rötliche, schmierende Rinde beim reifen Munster nicht abkratzen, sie ist eine Delikatesse. Zu Bier und kräftigem Elsässer Riesling

MÜNSTERKÄSE

Sorte:	Weichkäse
Herkunft:	Deutschland (Ursprung Frankreich)
Milch:	Kuh (pasteurisiert)
Fett:	ca. 55–60 % i. Tr.
Form:	klein, rund, zylindrisch
Aussehen:	hellgelb bis bernsteinfarben. Unregelmäßige kleine bis mittlere Lochung. Rinde: rot-gelb, Rotschmiere
Konsistenz:	jung: mild; gereift: kräftig-aromatisch
Geschmack:	aromatisch bis pikant-würzig
Rinde eßbar:	ja

Beliebter »Stinker«, nicht ganz so herausfordernd wie der Elsässer »Munster«. Zur Brotzeit mit Radi und Bier. Auch mal mit rotem Landwein versuchen!

NEUFCHÂTEL [NÖF-SCHATELL]

Sorte:	Weichkäse
Herkunft:	Frankreich (Normandie)
Milch:	Kuh (pasteurisiert)
Fett:	45 % i. Tr.
Form:	in der Käsetheke als Quadrat, Herz, Brikett, Zapfen, Doppelzapfen oder großes Herz auf Strohmatte; als Molkereikäse in Papier
Aussehen:	weiß-gelb bis bernsteinfarben, glatt. Flaumige, weiße Schimmelrinde
Konsistenz:	weich-geschmeidig
Geschmack:	pikant-säuerlich, nach frischen Pilzen
Rinde eßbar:	ja

Klassiker, um 1050 erwähnt. Besonders in der Herzform ist er ein attraktiver Blickfang auf einer Käseplatte. Fruchtige, kräftige Rotweine oder Cidre passen gut.

OBATZDA

Sorte:	Käsezubereitung
Herkunft:	Deutschland (Bayern)
Milch:	Kuh (pasteurisiert)
Fett:	ca. 45–50 % i. Tr.
Form:	cremig, kleinstückig, wie Hackfleisch
Aussehen:	kräftig-bis rötlich-gelb
Konsistenz:	fest-cremig bis bröckelig
Geschmack:	würzig-pikant bis deftig
Rinde eßbar:	keine Rinde

Die bayerische Spezialität wird aus reifem Camembert, Butter und/oder Frischkäse hergestellt, gewürzt mit Kümmel, Zwiebeln und Paprika

OLD AMSTERDAM

Sorte:	Schnittkäse (Käsemarke)
Herkunft:	Holland
Milch:	Kuh (pasteurisiert)
Fett:	48 % i. Tr.
Form:	flachrunder Laib mit gewölbten Seiten, ca. 10 kg; Brotlaib ohne Rinde, 900 g-Stück in Geschenkpackung
Aussehen:	goldgelb. Mit vereinzelten kirschgorßen Löchern. Rinde: mit Kunststoffüberzug
Konsistenz:	fest-elastisch, schnittfest
Geschmack:	voll-würzig, aromatisch
Rinde eßbar:	nein

Der Name verspricht einen traditionellen »Holländer«. Für Käsewürfel, zu kräftigem Rot- oder Portwein

OLMÜTZER QUARGEL

Sorte:	Sauermilchkäse
Herkunft:	Deutschland
Milch:	Sauermilchquark
Fett:	unter 10 % i. Tr.
Form:	kleine Laibe von 12-17 g
Aussehen:	rötlich-gelber, etwas durchsichtiger Teig, in Zellophanpapier eingepackt
Konsistenz:	geschmeidig, fester als Harzer Roller
Geschmack:	mild-pikant bis pikant-würzig
Rinde eßbar:	ja

Ähnlich wie Handkäse und Harzer zu kräftigem, säurereichem Wein oder Apfelwein und Bier. Brotzeitkäse. Mit Kümmel besser verdaulich!

OLDENBURGER GOUDA

Sorte:	Schnittkäse
Herkunft:	Deutschland
Milch:	Kuh (pasteurisiert)
Fett:	45 % i. Tr.
Form:	Brotlaib
Aussehen:	goldgelb. Runde, erbsengroße Löcher
Konsistenz:	elastisch, schnittfest
Geschmack:	mild-aromatisch
Rinde eßbar:	keine Rinde

Die Oldenburger Käse beherrschen nicht ohne Grund einen Großteil des Schnittkäse-Marktes nördlich des »Weißwurst-Äquators«. Für Käsewürfel, zum Überbacken von Toasts, zu Landbrot und Bier

ORIGINAL SENNKÄSE

O

Sorte:	halbfester Schnittkäse
Herkunft:	Österreich (Tauern)
Milch:	Kuh (pasteurisiert)
Fett:	50 % i. Tr.
Form:	flacher, zylindrischer Laib mit ca. 50 cm Ø
Aussehen:	gelb. Mit kleiner Rundlochung. Rinde: glatt mit gelber bis rot-brauner trockener Schmiere
Konsistenz:	zartschmelzend, schnittfest
Geschmack:	mild-würzig, Rotschmiercharakter
Rinde eßbar:	ja

Ein Paradebeispiel für die Käse, die früher auf der Alm erzeugt wurden. Als Schnittkäse, für Fondue und Raclette

PALADIN

P

Sorte:	Weichkäse (Käsemarke)
Herkunft:	Deutschland (Bayern)
Milch:	Kuh (pasteurisiert)
Fett:	50 % i. Tr.
Form:	Zylinder mit ca. 20 cm Ø
Aussehen:	weiß, porzellanfarben mit gleichmäßiger Blauschimmel-Marmorierung
Konsistenz:	geschmeidig, schnittfest
Geschmack:	pikant, angenehm würzig
Rinde eßbar:	ja

Zum Überbacken von Toasts, auf der Käseplatte, zum Abschluß einer Mahlzeit, zu reifen roten Weinen und auch zu edelsüßen Dessertweinen

PARMESAN ORIGINAL

Sorte:	Hartkäse (Familie: Grana)
Herkunft:	Italien (Parma, Emilia-Romagna)
Milch:	Kuh (Rohmilch, Sommermilch)
Fett:	mindestens 32 % i. Tr.
Form:	zylindrischer Laib mit ca. 35–45 cm Ø
Aussehen:	strohgelb bis braun-gelb, hart, feinkörnig. Rinde: dunkelgelb mit eingebranntem Schriftzug »Parmigiano Reggiano«. Beste Qualität mit Bezeichnung »Export«
Konsistenz:	hart, feinbrüchig
Geschmack:	aromatisch, würzig, nußartig
Rinde eßbar:	nein

Ein edler Dessertkäse zu Wein. Frisch gerieben zu Nudelgerichten, gemischt mit fetteren Sorten zum Überbacken, zum Verfeinern von Saucen

PARMESAN

Sorte:	Hartkäse (Reibekäse)
Herkunft:	Italien, Deutschland u.a.
Milch:	Kuh (pasteurisiert)
Fett:	30–32 % i. Tr.
Form:	in Beuteln oder Dosen
Aussehen:	weiß-gelb
Konsistenz:	trocken, krümelig
Geschmack:	neutral bis leicht aromatisch
Rinde eßbar:	keine Rinde

Zu Nudelgerichten und Gratins. Nicht zu verwechseln mit dem echten italienischen Parmesan, dem Parmigiano Reggiano; hier finden sich Grana padano und andere Hartkäse

PATROS

Sorte:	Frischkäse (Käsemarke)
Herkunft:	Deutschland (Allgäu)
Milch:	Kuhmilch (pasteurisiert)
Fett:	30 % i. Tr.
Form:	Würfel, in Pflanzenöl eingelegt und in verschiedenen Verpackungsformen. Oder eingeschweißt
Aussehen:	weiß
Konsistenz:	fest, feinkörnig
Geschmack:	neutral
Rinde eßbar:	keine Rinde

Zu Fisch, Lamm, Oliven und eingelegten Gemüsen. Der Name Patros erinnert an griechischen Feta.

PECORINO ROMANO

Sorte:	Hartkäse
Herkunft:	Italien (Latium)
Milch:	Schaf (pasteurisiert)
Fett:	mindestens 30 %–48 % i. Tr.
Form:	Zylinder mit 22–30 cm Ø, 8–20 kg
Aussehen:	weiß bis hellgelb. Rinde: gelb bis gelbbraun, glatt mit Schafskopf-Stempel und Muster »Pecorino Romano«
Konsistenz:	bröckelig-hart
Geschmack:	pikant, leicht scharf bis angenehm salzig
Rinde eßbar:	nein

Einer der ältesten Käse der Welt. Beim sardischen »Pecornio Sardo« ist die Rinde mit einem Olivenöl-Asche-Gemisch schwärzlich gefärbt. Gut als Reibekäse

Pecorino Toscano

Sorte:	Hartkäse
Herkunft:	Italien (Toskana)
Milch:	Schaf (pasteurisiert)
Fett:	mindestens 30 %–48 %
Form:	Zylinder mit 30 cm Ø, 8–12 kg
Aussehen:	hellgelb. Mit kleinen Bruchlöchern. Rinde: gelb bis gelb-braun, glatt mit Siegel des »Consorzio Tutela Pecorino Toscano«
Konsistenz:	bröckelig-hart
Geschmack:	frisch (20 Tage alt): delikat aromatisch; gereift (4 Monate alt): aromatisch-würzig bis angenehm scharf
Rinde eßbar:	nein

Mit dem Parmesanmesser in Stücke gebrochen als Begleiter zu kräftigem Rotwein, gerieben als Streukäse zu Pasta und zum Gratinieren

Picandou fermier [PIKONDU FERMIÉ]

Sorte:	Frischkäse (Käsemarke)
Herkunft:	Frankreich (Burgund)
Milch:	Ziege (Rohmilch)
Fett:	45 % i. Tr.
Form:	kleine Rundlaibe von 5 cm Ø, ca. 40 g
Aussehen:	porzellanfarben, Oberfläche gerillt
Konsistenz:	weich-cremig, leicht bröckelig
Geschmack:	aromatisch, typischer Ziegenkäsegeschmack
Rinde eßbar:	keine Rinde

Die kleinen Laibe sehen hübsch auf Käsebuffets aus. Zum Abschluß einer Mahlzeit, zu sehr kräftigen trockenen Rotweinen oder zu Bier

Pikantje von Gouda

Sorte:	Schnittkäse, (Käsemarke)
Herkunft:	Holland
Milch:	Kuh (pasteurisiert)
Fett:	48 % i. Tr.
Form:	runder Laib, ca 12 kg
Aussehen:	goldgelb. Kleine unregelmäßige, linsengroße Löcher. Rinde: gelblich-braun mit Paraffin- oder Kunststoffüberzug
Konsistenz:	halbfest
Geschmack:	herzhaft-pikant
Rinde eßbar:	nein

Die Fernseh-Werbung hat diesen Zeitgeist-Gouda zum Spitzenreiter gemacht. Für Käsewürfel, zum Überbacken von Toasts, zum Bier

Pont-l'Evêque [pong-lewäk]

Sorte:	Weichkäse mit gewaschener Rinde
Herkunft:	Frankreich (Normandie)
Milch:	Kuh (pasteurisiert oder roh)
Fett:	mindestens 45 % i. Tr.
Form:	Quadrate: klein (Petit Pont-l'Evêque), mittel und groß (Grand Pont-l'Evêque) in Schachteln aus Tannenholz
Aussehen:	hellgelb bis honigfarben. Wenige kleine Bruchlöcher. Rinde: glatt, goldgelb bis orange-rot, mit Rotschmiere
Konsistenz:	weich, geschmeidig, schnittfest
Geschmack:	leicht herb-rustikal
Rinde eßbar:	ja

Als Belag auf frischem Landbrot, zu einem kräftigen Schoppen Landwein oder trockenem Cidre

PORT SALUT [POR SALÜ]

Sorte:	halbfester Schnittkäse
Herkunft:	Frankreich
Milch:	Kuh (pasteurisiert)
Fett:	45 % i. Tr.
Form:	Rundlaib mit ca. 18–20 cm Ø, 7–9 kg
Aussehen:	blaßgelb. Mit kleinen Bruchlöchern. Rinde: orangefarben, dünn
Konsistenz:	geschmeidig, weich, schnittfest
Geschmack:	mild
Rinde eßbar:	nein

»Einsteigerkäse« wegen seines milden Geschmacks, zum Überbacken, als Brotbelag, zu leichten Rotweinen und Bier

POULIGNY SAINT-PIERRE [PULINJI SÄN PIÄR]

Sorte:	Weichkäse
Herkunft:	Frankreich (Departement Indre, südl. Loire)
Milch:	Ziege (pasteurisiert und roh)
Fett:	mindestens 45 % i. Tr.
Form:	große und kleine Pyramide
Aussehen:	elfenbeinfarben. Rinde: gelblich mit bläulichem Schimmel
Konsistenz:	geschmeidig-fest
Geschmack:	leicht säuerlich, nussig
Rinde eßbar:	ja

Wegen seiner Form wird der Pouligny in Frankreich auch »Tour Eiffel« (Eiffelturm) genannt. Frisch schmeckt er warm auf Toast oder mit Nußöl auf Salat.

P

PRÉSIDENT [PRE-SI-DON]

Sorte:	Weichkäse (Käsemarke)
Herkunft:	Frankreich
Milch:	Kuh
Fett:	50 % i. Tr.
Form:	flaches Carré
Aussehen:	cremefarben, mit weißer Schimmel-rinde
Konsistenz:	cremig, sahnig
Geschmack:	mild, aromatisch
Rinde eßbar:	ja

Auf Käseplatten, gut zu Birnen und fülligen Rotweinen. Der Markenkäse hat mitgeholfen, den Camembert in Deutschland bekannt zu machen.

PRESSATO

Sorte:	Hartkäse
Herkunft:	Italien (Ursprung Vicenza, heute ganz Italien)
Milch:	Kuh (pasteurisiert)
Fett:	mindestens 30 % i. Tr.
Form:	zylindrisch ca. 30–35 cm Ø, 9–15 kg
Aussehen:	weiß bis hellgelb. Mit unregelmäßigen kleinen Löchern. Rinde: dünn, elastisch
Konsistenz:	elastisch, schnittfest
Geschmack:	mild, leicht süßlich-milchig
Rinde eßbar:	nein

Zum Überbacken bei nicht zu großer Hitze, als Tafelkäse und als Käsewürfel zu leichten Rot- und Roséweinen. In Italien heißt er auch Spressa

PROVOLONE

Sorte:	Hartkäse
Herkunft:	Italien (Süditalien)
Milch:	Kuh (Rohmilch)
Fett:	45 % i. Tr.
Form:	rund, oval, salami- oder birnenförmig, in Kordel eingebunden, 1–6 kg
Aussehen:	hellgelb bis goldfarben glänzend. Rinde: dünn, glatt, mit Paraffinschicht
Konsistenz:	fest-elastisch, schnittfest
Geschmack:	jung: mild; gereift: scharf-aromatisch; auch geräuchert erhältlich
Rinde eßbar:	nein

Der reife Käse muß im Kühlschrank gelagert werden. Für Käseplatten, in dünnen Scheiben auf Ciabatta-Brot ein Genuß. Zum Überbacken, zum Reiben

PYRENÄENKÄSE

Sorte:	Schnittkäse
Herkunft:	Frankreich (Pyrenäen)
Milch:	Kuh (roh oder pasteurisiert)
Fett:	mindestens 45 % i. Tr.
Form:	Zylinder mit ca. 23–25 cm Ø, 4–7 kg
Aussehen:	blaßgelb. Mit regelmäßiger linsenförmiger Lochung. Rinde: mit schwarzem Wachsüberzug
Konsistenz:	geschmeidig, schnittfest
Geschmack:	mild, nach Milch
Rinde eßbar:	nein

Für Käsewürfel und Käsespießchen, als Brotbelag, für Käsesalat, zu Bier und kräftigen roten Landweinen

RACLETTE [RACK-LETT]

R

Sorte:	Schnittkäse
Herkunft:	Schweiz (Wallis)
Milch:	Kuh (roh und pasteurisiert)
Fett:	50 % i. Tr.
Form:	runder Laib mit 4,5–7,5 kg
Aussehen:	elfenbeinfarben bis maisgelb. Mit wenigen Löchern. Rinde: hellbraun mit weißlichem Schimmer, Prägung »Raclette« auf dem Rand
Konsistenz:	weich-sämig, schmelzend, aber schnittfest
Geschmack:	jung: mild, fruchtig; gereift: aromatisch
Rinde eßbar:	nein

Ideal zum Raclette mit eingelegten Gürkchen, Perlzwiebeln und Pellkartoffeln. Dazu ein Obstler für die Verdauung

RACLETTE RICHES MONTES [RISCH-MONT]

Sorte:	Schnittkäse
Herkunft:	Frankreich (Auvergne)
Milch:	Kuh (pasteurisiert)
Fett:	48 % i. Tr.
Form:	runder Laib mit ca. 20 cm Ø, ca. 6 kg
Aussehen:	elfenbeinfarben bis goldgelb. Mit wenigen kleinen Löchern. Rinde: braun
Konsistenz:	weich-sämig, schmelzend, aber schnittfest
Geschmack:	mild bis leicht aromatisch
Rinde eßbar:	nein

Ideal zu Raclette in elektrischen Raclette-Geräten mit kleinen Portionspfännchen. Gut paßt dazu ein kräftiger Rotwein. Mittlerweile gibt es auch deutschen Raclette.

R

RAMBOL

Sorte:	Schmelzkäsezubereitung (Käsemarke)
Herkunft:	Frankreich
Milch:	Kuh (pasteurisiert)
Fett:	55 % i. Tr.
Form:	runder Minilaib in Plastikfolie und als Kranz
Aussehen:	elfenbeinfarben, mit ganzen Walnüssen oder Pfeffer bedeckt
Konsistenz:	cremig, fest
Geschmack:	fein-sahnig, nach Walnüssen oder Pfeffer
Rinde eßbar:	ohne Rinde

Besonders die Walnuß-Variante ist ein Renner am Käsebuffet. Zum Abschluß einer Mahlzeit, mit Trauben oder Walnüssen, zu Dessert- oder Portwein

RAMÉE

Sorte:	Weichkäse (Käsemarke)
Herkunft:	Deutschland (Allgäu)
Milch:	Kuh (pasteurisiert)
Fett:	50 % i. Tr.
Form:	Torte mit ca. 18 cm Ø, ca. 2,5 kg, auch in Schachteln mit 125 g
Aussehen:	hellgelb bis goldgelb. Rinde: mit Weißschimmel
Konsistenz:	weich
Geschmack:	sahnig-mild
Rinde eßbar:	ja

Ein Deutscher mit französischem Namen, der schmeckt, wie er heißt. Vielseitig verwendbar in der Küche: für Käsecremes Saucen und pikante Desserts

RAMÉE ROYAL

Sorte:	Weichkäse (Käsemarke)
Herkunft:	Deutschland (Allgäu)
Milch:	Kuh (pasteurisiert)
Fett:	60 % i. Tr.
Form:	Torte mit ca 18 cm Ø, ca. 2,5 kg, auch als Laib und in Schachteln mit 125 g
Aussehen:	elfenbeinfarben bis gelb. Rinde: mit Weißschimmelrasen
Konsistenz:	cremig, schnittfest
Geschmack:	leicht säuerlich nach Milch, mild
Rinde eßbar:	ja

Mit Äpfeln und Trauben auf Käseplatten, zum Überbacken, zu kräftigem Rotwein

REBLOCHON DE SAVOIE [RÖBLOCHON DÖ SAWOA]

Sorte:	halbfester Schnittkäse
Herkunft:	Frankreich (Savoyen)
Milch:	Kuh (Rohmilch)
Fett:	45 % i. Tr.
Form:	Rundlaib mit 600 g, in doppellagigem Papier gegen Austrocknen
Aussehen:	hellgelb. Mit mittelgroßer unregelmäßiger Lochung. Rinde: rosa-gelb mit weißen Schimmelflecken
Konsistenz:	weich, elastisch, schnittfest
Geschmack:	Milchgeschmack, mild-nussig
Rinde eßbar:	ja

Unter den Käsen, die Frankreich berühmt gemacht haben, besonders erfolgreich. Für Käsesnacks, -sandwiches und -würfel, zu fruchtigem Weißwein

Ricotta

Sorte:	Frischkäse aus Molke
Herkunft:	Italien
Milch:	Kuh (pasteurisiert)
Fett:	60–70 % i. Tr.
Form:	rund, keine besondere Form, ca. 1,5 kg; »salata« auch in Körbchen oder als kleine Kugel
Aussehen:	milchig-weiß
Konsistenz:	zart-cremig, schmelzend
Geschmack:	milchig, wie Quark
Rinde eßbar:	keine Rinde

Gesalzen als »Ricotta salata«, als »Ricotta salata al forno« bräunlich überbacken. Zu Quarkspeisen, als Brotaufstrich und Füllung für Pasta

Robiola osella

Sorte:	Frischkäse
Herkunft:	Italien (Piemont)
Milch:	Kuh, Ziege (roh und pasteurisiert)
Fett:	60 %–70 % i. Tr.
Form:	viereckig mit ca. 250 g. In kleiner Ausführung heißt er Robiolino.
Aussehen:	weiß, feinkörnig, weiße Haut
Konsistenz:	feinkörnig, cremig bis leicht bröckelig
Geschmack:	angenehm säuerlich
Rinde eßbar:	keine Rinde

Ihn gibt es auch als Herbstmilch-Ziegenkäse »del becco« mit rötlicher Haut. Als Frühstückskäse, delikat mit frischen Früchten

ROMADUR

Sorte:	Weichkäse
Herkunft:	Deutschland
Milch:	Kuh (pasteurisiert)
Fett:	20 %–50 % i. Tr.
Form:	rechteckige, kleine Stange
Aussehen:	mattweiß bis gelb. Wenige unregel- mäßige Löcher. Rinde: gelb-rot mit weißen Schimmelstellen
Konsistenz:	weich, aber nicht fließend
Geschmack:	mild bis kräftig-pikant, stark »duftend«
Rinde eßbar:	ja

Ein »Stinker«, der seit 500 Jahren die Feinschmecker begeistert. Zu allen defti- gen Brotzeiten, herrlich mit einem Glas Bier oder einem kräftigen Wein

ROQUEFORT [ROK-FOR]

Sorte:	Weichkäse
Herkunft:	Frankreich (Roquefort, Auvergne)
Milch:	Schaf (Rohmilch)
Fett:	54 % i. Tr.
Form:	großer Zylinder, Mini-Laib, Torten- schnitte und Scheiben
Aussehen:	weiß bis cremefarben, mit kräftigen grünblauen Adern
Konsistenz:	fest-cremig
Geschmack:	jung: pikant; reif: mild
Rinde eßbar:	ja

Er reift in Kreidehöhlen der Auvergne nach einem Dekret aus dem Jahr 1411. Zum Überbacken, in Saucen, zu Salaten

ROTTALER

Sorte:	Schnittkäse (Käsemarke)
Herkunft:	Deutschland (Allgäu)
Milch:	Kuh (pasteurisiert)
Fett:	45 % i. Tr.
Form:	runder Laib mit scharfer Unter- und abgerundeter Oberkante, ca. 36 cm Ø, ca. 9 kg
Aussehen:	hellgelb. Mit mittelgroßen, gleichmäßigen Löchern. Rinde: goldgelb
Konsistenz:	geschmeidig
Geschmack:	mild bis leicht pikant
Rinde eßbar:	nein

Für Käsewürfel und Käsespießchen, wegen der starken Lochung attraktiv auf Käseplatten

ROUGETTE [RU-SCHETT]

Sorte:	Weichkäse (Käsemarke)
Herkunft:	Deutschland (Allgäu)
Milch:	Kuh (pasteurisiert)
Fett:	70 % i. Tr. (Doppelrahmstufe)
Form:	flache Torte, auch als Mini-Laib
Aussehen:	goldgelb. Rinde: rot-weiß mit Edelschimmelpunkten
Konsistenz:	fest-cremig, später weicher
Geschmack:	jung: mild; reif: fein-würzig
Rinde eßbar:	ja

Für Käseplatten, zu Landbrot, Bier und kräftigem Weißwein ein Genuß. Der gereifte Käse kann auch viel weißen Schimmel haben.

ROVINER

Sorte:	Hartkäse (Käsemarke)
Herkunft:	Deutschland (Allgäu)
Milch:	Kuh (pasteurisiert)
Fett:	50 % i. Tr.
Form:	flacher Laib mit ca. 50 cm Ø, ca. 20 kg
Aussehen:	goldgelb. Mit unregelmäßigen mittelgroßen bis großen Löchern. Rinde: dunkelbraun mit Aufdruck »Roviner«
Konsistenz:	elastisch-fest
Geschmack:	delikat-aromatisch
Rinde eßbar:	nein

Für Käsespießchen mit Trauben, zum Überbacken von Toasts, zu Bier und Landwein

SAINT-ALBRAY [SÄNT-ALBRÄ]

Sorte:	Weichkäse
Herkunft:	Frankreich
Milch:	Kuh (Rohmilch)
Fett:	mindestens 50 % i. Tr.
Form:	kranzförmiger Laib mit blütenförmigen Rundungen am Rand, ca. 5 kg
Aussehen:	hellgelb-cremefarben. Unregelmäßige Bruchlöcher. Rinde: rot-orange mit dünnem Schimmelrasen
Konsistenz:	weich, elastisch, schnittfest
Geschmack:	mild; gereift: aromatisch
Rinde eßbar:	ja

Zum Abschluß einer Mahlzeit, zu Nußbrot, mit rotem Landwein oder fruchtigem Rosé

SAINT-NECTAIRE [SÄNG-NEKTÄHR]

Sorte:	halbfester Schnittkäse
Herkunft:	Frankreich (Auvergne)
Milch:	Kuh (pasteurisiert)
Fett:	mindestens 45 % i. Tr.
Form:	großer und kleiner Laib
Aussehen:	feiner weiß-gelber bis bernsteinfarbener Teig. Rinde: fein mit weißer, gelber oder roter Weißschimmelflora
Konsistenz:	weich-elastisch, auf Daumendruck federnd
Geschmack:	würzig bis mild gehaltvoll
Rinde eßbar:	ja

In Frankreich beliebt nach einer Mahlzeit, um »den Magen zu schließen«. Delikat mit roten Trauben und Walnüssen, zu leichten, fruchtigen Rosé- und Rotweinen

SAINT-PAULIN [SÄNG-POOLÄN]

Sorte:	halbfester Schnittkäse
Herkunft:	Frankreich (Normandie, Bretagne)
Milch:	Kuh (pasteurisiert, auch roh)
Fett:	40–42 % i. Tr.
Form:	flacher, großer Zylinder
Aussehen:	strohgelb, cremig. Viele kleine Bruchlöcher. Rinde: gelb-orange oder rot gewachst
Konsistenz:	elastisch-schnittfest
Geschmack:	mild; reif: pikant
Rinde eßbar:	nein

Für Käseplatten, zu kräftigen trockenen Rosés aus Südfrankreich. Rinde (wie alle künstlichen) großzügig abschneiden, wird meist mit Schimmelschutz behandelt!

SAINTE MAURE [SÄNG-MOHR]

Sorte:	Weichkäse
Herkunft:	Frankreich (Tourraine)
Milch:	Ziege (pasteurisiert)
Fett:	45 % i. Tr.
Form:	Rolle mit 4–4,5 cm Ø
Aussehen:	cremig-gelb unter der Rinde, innen weiß-bröckelig. Rinde: mit Weißschimmelrasen. Auch mit Holzascheschicht
Konsistenz:	außen cremig, innen bröckelig
Geschmack:	dezenter Ziegenkäsegeschmack
Rinde eßbar:	ja

Sieht gut auf Käseplatten aus, zum Abschluß einer Mahlzeit. Braucht kräftigen Rotwein, der sich durchsetzt.
In der Käserolle steckt traditionell ein Strohhalm, damit sie nicht bricht.

SALERS [SALÄR]

Sorte:	Schnittkäse
Herkunft:	Frankreich (Auvergne)
Milch:	Kuh (Rohmilch)
Fett:	45 % i. Tr.
Form:	Zylinder unterschiedlicher Größe zwischen 38 und 48 cm Ø, 35–55 kg
Aussehen:	gelb, gleichmäßig. Wenige Bruchlöcher. Rinde: dick und goldgelb mit orangeroten Flecken, rote Herkunftsplakette aus Aluminium
Konsistenz:	fest, elastisch
Geschmack:	kräftig, vollmundig, angenehm säuerlich
Rinde eßbar:	nein

Zum Abschluß einer Mahlzeit mit Äpfeln, Trauben und Walnüssen. Leichte frische Rotweine oder fruchtige Rosés schmecken dazu.

SALZBURGER BAUERNKÄSE

Sorte:	halbfester Schnittkäse (Käsemarke)
Herkunft:	Österreich (Salzburger Land)
Milch:	Kuh (pasteurisiert)
Fett:	45 % i. Tr
Form:	Rundlaib mit ca. 20 cm Ø
Aussehen:	hell-goldgelb mit regelmäßigen Bruch-löchern. Rinde: goldgelb paraffiniert
Konsistenz:	geschmeidig, schnittfest
Geschmack:	fein-würzig bis pikant
Rinde eßbar:	nein

Er schmeckt so, wie er heißt. Ideal auf frischem Landbrot zu Weißbier und weißen Landweinen

SALZBURGER EDEL-WEISSER

Sorte:	weicher Schnittkäse (Käsemarke)
Herkunft:	Österreich (Salzburger Land)
Milch:	Kuh (pasteurisiert)
Fett:	65 % i. Tr
Form:	Laib mit ca. 21 cm Ø, 1,6 kg
Aussehen:	porzellanfarben bis hellgelb. Mit verein-zelten Bruchlöchern. Rinde mit geschlossenem Edelschimmelrasen
Konsistenz:	cremig-schmelzend, schnittfest
Geschmack:	mild-aromatisch, leicht säuerlich
Rinde eßbar:	ja

Die industriell erzeugte Weißschimmel-rinde sieht gut aus und erleichtert Ein-steigern den Spaß am Käse. Fürs Käse-brett, zu Bier und fruchtigen Weinen

SAMSØ [SAMSÖ]

Sorte:	halbfester Schnittkäse
Herkunft:	Dänemark (Insel Samsø)
Milch:	Kuh (pasteurisiert)
Fett:	mindestens 30 %, meist 45 % i. Tr.
Form:	runder Laib oder quadratischer Block
Aussehen:	hellgelb bis strohgelb. Mit wenigen kleinen, unregelmäßigen Löchern. Rinde: dünn, gelb-bräunlich mit Wachsschicht, auch ohne Rinde
Konsistenz:	fest, kompakt, schnittfest
Geschmack:	mild bis vollmundig, nussig
Rinde eßbar:	nein

Für Käsewürfel, Käsesalat, zum Überbacken. Ein Käse wie der frische Norden

SBRINZ SWITZERLAND

Sorte:	Hartkäse
Herkunft:	Schweiz (Innerschweiz)
Milch:	Kuh (Rohmilch)
Fett:	mindestens 45 % i. Tr.
Form:	flacher, runder Laib mit 20–45 kg
Aussehen:	elfenbeinfarben bis hellgelb. Natürlich feste gelb-braune Rinde, konzentrischer Aufdruck »Sbrinz Switzerland«
Konsistenz:	sehr fest, aber schnitt- und hobelfähig
Geschmack:	vollmundig, aromatisch
Rinde eßbar:	nein

Für die Käseküche, ideal als Hobelkäse. Ein altes Schweizer Rezept empfiehlt, täglich ein Stück Sbrinz bei Magenschwäche zu essen.

SCHABZIGER

Sorte:	Hartkäse
Herkunft:	Schweiz (Glarner Alpen)
Milch:	Kuh (pasteurisierte Magermilch)
Fett:	0,3–5 % i. Tr.
Form:	kleiner Kegel mit 6–3,5 cm Ø
Aussehen:	mehlig-fest, glatt, grünlich. In Silber-papier mit Aufdruck »Geska-Glarner Kräuterkäse«
Konsistenz:	fest
Geschmack:	eigenartig-aromatisch, Maggi-ähnlich, pikant-würzig
Rinde eßbar:	ja

Typischer Kräuterkäse, erhält sein starkes Aroma durch Schabzigerklee. Sparsam als Reibekäse verwenden, da sehr intensiv. Auch fertig gerieben im Handel

SOIGNON [SOAN-JO]

Sorte:	Weichkäse
Herkunft:	Frankreich (Tourraine)
Milch:	Ziege
Fett:	45 % i. Tr.
Form:	zylindrisch, Mini-Laib
Aussehen:	weiß, feinkörnig
Konsistenz:	cremig
Geschmack:	pikant
Rinde eßbar:	keine Rinde

Soignon ist nicht so bröckelig wie viele andere Ziegenkäse und trotz des pikanten Geschmacks weniger streng. Daher ist er gut für Ziegenkäse-Anfänger geeignet.

ST. SEVERIN

Sorte:	Weichkäse
Herkunft:	Österreich (Kloster Schlierbach)
Milch:	Kuh (pasteurisiert)
Fett:	55 % i. Tr.
Form:	Torte mit ca. 23 cm Ø, ca. 1,2 kg
Aussehen:	gelblich-weiß. Mit unregelmäßigen Bruchlöchern. Rötliche Rinde
Konsistenz:	weich, fest
Geschmack:	feinwürzig-harmonisch
Rinde eßbar:	ja

Wer mal nach Schlierbach (Salzkammergut) kommt, kann den Mönchen beim Käsemachen zusehen. Für Käseplatten, zum Überbacken, zu kräftigen Rotweinen

STEINBUSCHER

Sorte:	halbfester Schnittkäse
Herkunft:	Deutschland
Milch:	Kuh (pasteurisiert)
Fett:	30–50 % i. Tr.
Form:	Quader
Aussehen:	blaßgelb bis goldgelb, jung: heller Kern. Unregelmäßige Bruchlochung. Rinde: mit rotbrauner Schmiere
Konsistenz:	geschmeidig, schnittfest
Geschmack:	jung: mild-aromatisch; reif: pikant bis kräftig
Rinde eßbar:	ja

Steinbuscher ist ein Mittelding zwischen Limburger und Tilsiter. Mit seinem intensiven Geruch paßt er zu kräftigem Landbrot mit Bier oder Apfelwein.

STEPPENKÄSE

Sorte:	Schnittkäse
Herkunft:	Deutschland
Milch:	Kuh (pasteurisiert)
Fett:	45 % i. Tr. (fettreduziert mit 30 %)
Form:	Brotlaib mit 2,7 kg
Aussehen:	hellgelb. Unregelmäßige erbsengroße Lochung
Konsistenz:	geschmeidig, schnittfest
Geschmack:	aromatisch pikant
Rinde eßbar:	ja

Der Name erzählt die Geschichte: Der Käse stammt ursprünglich aus der osteuropäischen Steppe. Als Aufschnitt, für Käsesalat und Raclette

SUBENHARA

Sorte:	halbfester Schnittkäse
Herkunft:	Holland
Milch:	Kuh (pasteurisiert)
Fett:	48–50 % i. Tr.
Form:	zylindrisch mit abgerundetem Rand
Aussehen:	weiß-gelb, mit Brennesselblättern. Rinde: gelb-orange mit Paraffin- oder Kunststoffüberzug
Konsistenz:	geschmeidig-fest
Geschmack:	mild mit hervorragendem Brennesselgeschmack
Rinde eßbar:	nein

Dekorativ für Käseplatten, auf Knäcke- und Vollkornbrot, beliebt bei Kindern wegen der grünen Blätter

TALEGGIO [TA-LET-SCHO]

Sorte:	Weichkäse
Herkunft:	Italien (Lombardei)
Milch:	Kuh (pasteurisiert)
Fett:	48 % i. Tr.
Form:	großes, flaches Quadrat
Aussehen:	weiß bis gelb. Mit kleinen Bruchlöchern. Rinde: dünn, rot-gelb mit eingepreßten Siegel »CTT«
Konsistenz:	cremig-butterartig, elastisch
Geschmack:	sauermilchartig, mild-aromatisch
Rinde eßbar:	ja

Zum Überbacken bei nicht zu hohen Temperaturen. Mit Olivenöl beträufelt zu einem Stück Landbrot oder weißem Ciabatta mit Oliven eine Delikatesse

TÊTE DE MOINE [TÄT-DÖ-MOAN]

Sorte:	halbfester Schnittkäse
Herkunft:	Schweiz (Berner Jura)
Milch:	Kuh (pasteurisiert)
Fett:	51–55 % i. Tr.
Form:	hoher Zylinder
Aussehen:	gelblich. Mit kleinen Löchern. Rinde: mit rötlicher Schmiere
Konsistenz:	fest, wie harte Butter
Geschmack:	mild-aromatisch bis würzig
Rinde eßbar:	ja

Am besten, wenn er auf einer »Girolle«, einem speziellen Käsehobel, geschnitten wird. Das »glatzenartige« Aussehen gab den Namen »Mönchskopf«.

TETILLA [TE-TIJA]

Sorte:	halbfester Schnittkäse
Herkunft:	Spanien (Galizien, Nordwestspanien)
Milch:	Kuh (pasteurisiert)
Fett:	45 % i. Tr.
Form:	breite Tropfenform (an die Form einer Zitze erinnernd), mit Gütesiegel »Queixe Tetilla«
Aussehen:	elfenbeinfarben. Wenige unregelmäßige Löcher. Rinde: gelblich, gewachst
Konsistenz:	weich, geschmeidig, elastisch
Geschmack:	frisch, sahnig-milchig, säuerlich
Rinde eßbar:	nein

Wegen der eigenartigen Form Mittelpunkt von Käsebuffets; zu nicht zu säurereichen Weiß- oder fruchtigen Rosé- und Rotweinen

TETTNANGER BAUERNKÄSE

Sorte:	halbfester Schnittkäse (Käsemarke)
Herkunft:	Deutschland (Allgäu)
Milch:	Kuh (pasteurisiert)
Fett:	50 % i. Tr.
Form:	kleiner, rechteckiger Laib, auch in runden Schachteln
Aussehen:	bernsteinfarben. Mit unregelmäßiger kleiner Lochung. Rinde: leicht mit weißem Edelschimmel überzogen
Konsistenz:	elastisch, schnittfest
Geschmack:	mild, leicht würzig
Rinde eßbar:	ja

Als Brotbelag, Frühstückskäse, zum Überbacken, zu leichten, fruchtigen Rosé- und Rotweinen

THURGAUER

Sorte:	halbfester Schnittkäse
Herkunft:	Schweiz (Thurgau)
Milch:	Kuh (Rohmilch oder pasteurisiert)
Fett:	45 %–55 % i. Tr.
Form:	flacher Zylinder
Aussehen:	hell-gelblich. Mit sehr wenigen Bruchlöchern. Rinde: ockergelb. In Silberpapier mit Aufdruck »Echter Schweizer Thurgauer«
Konsistenz:	elastisch-fest
Geschmack:	mild bis leicht aromatisch
Rinde eßbar:	nein

Auch zum Überbacken und für Käsefondue mit anderem Käse. Schmeckt zu nicht zu säurereichen, aber ausdrucksvollen Weißweinen (z. B. Fendant).

TILSITER

Sorte:	Schnittkäse
Herkunft:	Deutschland (Bayern)
Milch:	Kuh (pasteurisiert)
Fett:	30 %–60 % i. Tr.
Form:	große oder kleine Kastenform
Aussehen:	elfenbeinfarben bis gelb. Gleichmäßige Schlitzlochung. Rinde: gewachst
Konsistenz:	geschmeidig, schnittfest
Geschmack:	feinherb bis pikant, auch angenehm säuerlich
Rinde eßbar:	nein

Ein Dauerbrenner (ursprünglich aus Tilsit a.d. Memel) in der typisch deutschen Käseküche. Als Brotbelag, für Käsespießchen und Salate, zu Bier

TILSITER SWITZERLAND AUCH ROYALP

Sorte:	Schnittkäse
Herkunft:	Schweiz (Ostschweiz)
Milch:	Kuh (pasteurisiert und Rohmilch)
Fett:	45 % i. Tr.
Form:	flacher, runder Laib mit ca. 25 cm Ø, 4 kg
Aussehen:	elfenbeinfarben bis hellgelb. Kleine sparsame Rundlochung. Rinde: rötlich-braun
Konsistenz:	fein, elastisch-weich, schnittfest
Geschmack:	würzig bis aromatisch. Würziger als der deutsche Tilsiter
Rinde eßbar:	nein

Aus Rohmilch hergestellt, hat der Tilsiter ein rotes, aus pasteurisierter Milch ein gri nes Etikett. Dessertkäse, für die kalte und warme Käseküche.

TIROLER GRAUKÄSE

Sorte:	Sauermilchkäse
Herkunft:	Österreich (Tirol)
Milch:	Kuh (Rohmilch)
Fett:	0,5–2 % i. Tr.
Form:	Brot oder Laib mit ca. 1–3 kg
Aussehen:	gelb-weiß, weiß marmoriert. Keine Löcher. Rinde: dünn und rissig mit grün-grauem Schimmelbelag
Konsistenz:	trocken, speckig bis bröckelig
Geschmack:	säuerlich; gereift: aromatisch-scharf
Rinde eßbar:	ja

Eine uralte Sennenkäse-Spezialität, die aus der sogenannten Restmilch gemacht wird. Brotzeit-Käse zu Bier und trocke-nem Wein. Geeignet für eine Diät

TOMME DE SAVOIE [TOMM-DÖ-SAWOA]

Sorte:	Schnittkäse
Herkunft:	Frankreich (Savoyen, Zentral-Alpen)
Milch:	Kuh (Rohmilch)
Fett:	ca. 40 % i. Tr.
Form:	runder Laib mit ca. 20 cm Ø, 2 kg
Aussehen:	blaßgelb. Einzelne Bruchlöcher. Rinde: grau mit gelben bis rötlichen Schimmelblüten
Konsistenz:	fest, kompakt
Geschmack:	mild-säuerlich; reif auch nußartig, erdig
Rinde eßbar:	nein

Dieser Käse ist ein gutes Beispiel für den Begriff »rustikal«. Zu frischem Landbrot oder Baguette und fruchtigen, einfachen roten Landweinen ein Genuß

TRAPPISTENKÄSE

Sorte:	halbfester Schnittkäse
Herkunft:	Deutschland
Milch:	Kuh (pasteurisiert)
Fett:	45 % i. Tr.
Form:	Brotlaib, auch rechteckig
Aussehen:	hellgelbe, glänzende Schnittfläche. Gerstenkorngroße Bruchlöcher
Konsistenz:	elastisch, geschmeidig, schnittfest
Geschmack:	mild, angenehm säuerlich nach Milch
Rinde eßbar:	ja

Er wurde erstmals von französischen Trappistenmönchen hergestellt. Für Aufschnitt und kalte Platten, zu Bier und kräftigen säurereichen Weißweinen

Trenta

Sorte:	Schnittkäsezubereitung (Käsemarke)
Herkunft:	Holland
Milch:	Kuh (pasteurisiert) + Pflanzenöl
Fett:	40 % i. Tr.
Form:	Brotlaib mit 4 kg
Aussehen:	hellgelb. Mit vereinzelten kirschkerngroßen Löchern
Konsistenz:	elastisch, schnittfest
Geschmack:	frisch, mild-sahnig, nach »richtigem« Käse
Rinde eßbar:	keine Rinde

Trenta ist eigentlich kein Käse, sondern ein Produkt aus Kuhmilch, pflanzlichem Öl und Emulgator. Er enthält 75 % weniger Cholesterin als normaler Gouda.

Trollskäs

Sorte:	Schnittkäse (Käsemarke)
Herkunft:	Deutschland (Allgäu)
Milch:	Kuh (pasteurisiert)
Fett:	45 % i. Tr.
Form:	Laib mit ca. 20 cm Ø, ca. 8 kg
Aussehen:	hellgelb. Mit mittelgroßen Löchern. Rinde: goldgelb mit der Abbildung von Trollen (Gebirgsgeistern)
Konsistenz:	geschmeidig-fest
Geschmack:	mild-süßlich
Rinde eßbar:	nein

Wegen des Geschmacks und der Troll-Bilder wird er besonders von Kindern geliebt. Für Käsewürfel und Käsespießchen, zu Weißbier und leichten Weißweinen

Tundra

Sorte:	halbharter Schnittkäse (Käsemarke)
Herkunft:	Finnland
Milch:	Kuh (pasteurisiert)
Fett:	30–50 % i. Tr.
Form:	runder, hoher Laib mit 23–25 cm Ø, in Kunststoffolie
Aussehen:	weiß-gelb. Mit zahlreichen unregelmäßigen, kleinen Löchern. Kaum Rinde
Konsistenz:	elastisch, fest, schnittfest
Geschmack:	frisch, mild-sahnig, leicht nach Sauermilch
Rinde eßbar:	ja

Für Käsewürfel oder Käsespießchen mit Oliven, zu säurearmen Weißweinen oder Bier. Der Name soll auf die Herkunft hinweisen.

Urtaler

Sorte:	Hartkäse (Käsemarke)
Herkunft:	Deutschland
Milch:	Kuh (Rohmilch)
Fett:	48 % i. Tr.
Form:	Laib (Mühlstein) mit ca. 50 cm Ø, 25 kg
Aussehen:	gelb bis goldgelb. Kirschgroße ungleichmäßige Löcher. Rinde: goldgelb, dünn, leicht genarbt mit Rotschmiere
Konsistenz:	geschmeidig, schnittfest
Geschmack:	angenehm nußartig, aromatisch
Rinde eßbar:	nein

Typischer Vertreter der Bergkäse. Für Käsewürfel und Käsespießchen, für die Käseplatte, zum Überbacken, zu Weißwein

Vacherin Fribourgeois
[WA-SCHE-RO FRIBUR-SCHOA]

Sorte:	halbfester Schnittkäse
Herkunft:	Schweiz (Fribourg)
Milch:	Kuh (Rohmilch und pasteurisiert)
Fett:	mindestens 48 % i. Tr.
Form:	großer Laib mit glattem, manchmal leicht nach innen gekrümmtem Rand
Aussehen:	weiß-gelb. Mit wenigen kleinen Bruchlöchern. Rinde: dünn mit braun-gelber Rotschmiere
Konsistenz:	fest; reif: weich
Geschmack:	leicht säuerlich, nach Milch
Rinde eßbar:	ja

In der Schweiz gibt es »Vacherin pour la main« für den Direktverzehr und »Vacherin pour fondue« zum Schmelzen.

Vacherin Mont-d'Or [WA-SCHE-RO MON-DOR]

Sorte:	Weichkäse
Herkunft:	Schweiz (Waadtland)
Milch:	Kuh (pasteurisiert)
Fett:	mindestens 50 % i. Tr.
Form:	flache, große Torte
Aussehen:	elfenbeinfarben. Rinde: weißflammig, weich und aufgeworfen, bernsteinfarben bis rot-braun
Konsistenz:	weich-cremig
Geschmack:	cremig-milder, feiner Tannenholzton
Rinde eßbar:	ja

Die Tannenholzschachtel (mit Deckelbrand) gibt ein angenehmes Aroma an den Käse ab. Typischer Dessertkäse, heiß zu Pellkartoffeln

Valbrie

Sorte:	Weichkäse (Käsemarke)
Herkunft:	Frankreich
Milch:	Kuhmilch (pasteurisiert)
Fett:	60 % i. Tr.
Form:	Tortenschnitte
Aussehen:	weiß-gelb bis hellgelb
Konsistenz:	cremig-fest
Geschmack:	mild-sahnig; reif: aromatisch
Rinde eßbar:	ja

Zum Abschluß einer Mahlzeit, zu Baguette oder Nußbrot, mit fruchtigen Rotweinen

Weinkäse

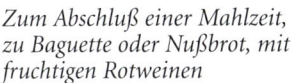

Sorte:	Weichkäse
Herkunft:	Deutschland
Milch:	Kuh (pasteurisiert)
Fett:	45 % i. Tr. (fettreduziert mit 20 %)
Form:	Zylinder mit ca. 5–6 cm Ø
Aussehen:	hellgelb bis bernsteinfarben. Mit unregelmäßiger Lochung. Rinde: mit Rotschmiere, rötlich-braun
Konsistenz:	weich-elastisch, schnittfest
Geschmack:	kräftig-aromatisch bis herzhaft
Rinde eßbar:	ja

Der Name täuscht. Weinkäse paßt am besten zu Bier und deftigen Mahlzeiten und setzt sich auch gegen Zwiebeln durch.

WEISSLACKER

Sorte:	Schnittkäse
Herkunft:	Deutschland (Süddeutschland, Bayern)
Milch:	Kuh (pasteurisiert)
Fett:	40 % i. Tr. und höher
Form:	Würfel mit 1,7 kg und mit 60 g
Aussehen:	weiß, quarkartig, speckig. Vereinzelte Bruchlöcher
Konsistenz:	halbfest
Geschmack:	pikant bis scharf
Rinde eßbar:	keine Rinde

Idealer Bier- und Brotzeitkäse in Bayern. Zusammen mit eingelegtem Sauergemüse zu Pellkartoffeln

WESTLITE [WEST-LAIT]

Sorte:	Schnittkäse
Herkunft:	Holland
Milch:	Kuh (pasteurisiert)
Fett:	30 % i. Tr.
Form:	flach-runder Laib mit abgerundeter Seite, ca. 12 kg
Aussehen:	gelb. Mittelstarke Lochung. Rinde: goldgelb mit Paraffinüberzug
Konsistenz:	geschmeidig
Geschmack:	neutral, mild, nach Milch
Rinde eßbar:	nein

Diätkäse, der Zusatz »Lite« deutet auf einen fett- und kalorienreduzierten Käse hin. Für Käsespießchen, Käsewürfel, zu Bier und Weißwein

WILSTERMARSCH

Sorte:	halbfester Schnittkäse
Herkunft:	Deutschland
Milch:	Kuh (pasteurisiert)
Fett:	45 % i. Tr.
Form:	Brotlaib
Aussehen:	hellgelb. Gerstenkorngroße unregelmäßige Bruchlöcher
Konsistenz:	elastisch, schnittfest
Geschmack:	frisch, fein-aromatisch
Rinde eßbar:	ja

Der Name stammt von fetten Marsch-Wiesen. Der Käse ähnelt dem Tilsiter. Für Käsespießchen und Käsewürfel, zu Bier

ZILLERTALER BERGKÄSE

Sorte:	Hartkäse
Herkunft:	Österreich
Milch:	Kuh (pasteurisiert)
Fett:	45 % i. Tr.
Form:	Laib mit ca. 60 cm Ø, ca 30 kg, auch als 1/4- und 1/8-Laib
Aussehen:	buttergelb. Dünne Rinde
Konsistenz:	elastisch, fest
Geschmack:	herzhaft-würzig, pikant
Rinde eßbar:	nein

Zum Überbacken von Toasts und Aufläufen, für Käsewürfel mit Trauben und Walnüssen, zu leichten, fruchtigen Rosé- und Rotweinen

SACHREGISTER

Redaktion: Sabine Sälzer
Lektorat: Adelheid Schmidt-Thomé
Gestaltung: independent Medien-Design, München
Produktion: Helmut Giersberg
Fotos: siehe Bildnachweis auf Seite 127
Satz und Layoutrealisierung: Buch & Grafik Design, Günther Herdin GmbH
Druck und Bindung: Ludwig Auer GmbH
ISBN 3-7742-1107-8

Auflage	5.	4.	3.	2.
Jahr	2003	02	01	00	99